大展好書　好書大展
品嘗好書　冠群可期

大展好書　好書大展
品嘗好書・冠群可期

養生保健 45

武當道教
養生導引術

游玄德 袁天沛
秦彥博 游小龍 著

大展出版社有限公司

作 者 簡 介

游玄德

中國著名武術家，丹道養生家，全球武林領袖論壇專家、顧問，南武當道教協會會長，南武當功夫團團長，武當道教文化研究會會長，武當國際太極拳聯盟主席，世界養生聯合會主席，《武當功夫》叢書主編，《中華道教文化叢書》總編。

袁天沛

中國著名傳統文化傳播者，南武當功夫團秘書長，香港武當會館理事，武漢太極養生館董事。長期致力於武當道教和武當文化的傳播與推廣。

秦彥博

中國體育報業總社中體音像編導、記者，全球功夫網專家委員會秘書長，《全球功夫》雜誌執行主編，國家級社會體育指導員，國家一級武術裁判員。長期從事武術媒體宣傳和推廣工作。

游小龍

南武當道教協會理事，武當玄武派第十五代弟子，從小師從武當派掌門游玄德道長，在武當山修道和習練武當功夫，多次在國際和國內武術錦標賽上獲獎。

前　言

　　武當武術是中華優秀傳統文化的重要組成部分。武當武術聲名遠揚，威震四方，以神功絕技著稱，武術界素有「南尊武當」之說。武當太極拳法歷史悠久，博大精深。它的起源和發展與中國的道教文化哲理思想有著密切的關係，深受老子《道德經》虛其心、實其腹、專氣至柔的影響。武當功夫注重遠取諸物、近取諸身的運動法則，以內養精氣神、外練筋骨皮為核心，形成了養生健體、修真煉性為圭旨，技擊自衛為輔助的武學體系。講究以柔克剛，後發制人，以鬆沉自然、柔和順隨的行功風格貫穿於整個套路之中。

　　武當功夫名揚天下，高深莫測，精妙入微。太極混元一氣也，拳學奧義在於開合收放。所謂開合，是內氣、內意之開合，而非肢體動作之開合。

　　武當功夫是招法與內功的結合。內家拳是道教思想與修煉方法的產物。練太極首要重視內功的修煉，內功的提高就是體能的增長。氣要長養，勁

要圓活，從虛無中求實有，從柔弱中求剛強。內功為技擊之本，修道之根在於煉精化氣、煉氣化神、煉神還虛、煉虛合道。內功鼓蕩之氣，修煉上身，終身受益，利於養身，便於技擊。內功在技擊時神態、氣韻異於常人。「哼哈」之音，丹田氣內轉，靈機於頂，勁通於背，瞬間引化發放，耄耋之年仍能拋人於丈外，妙不可言，令人驚歎。此皆因內功、內氣、形神兼備之故。

養生與技擊並重的太極拳法強調內外兼修，暗合道家仙學之理。神旺氣足，功理科學，由前後丹田內轉呼吸之鍛鍊。氣通任督脈，意守命門，使水火相濟，達到百脈充實，五臟六腑之氣各歸其原，抓閉呼吸，內外合一，使帶脈充實如鼓，爾後神通於背，在技擊時發出超強的冷脆勁，適宜強身養生，有利於技擊功力的提高。

武當武術分為三層功夫九步法門，數百年來單傳秘授，十分嚴密。武當武術以內氣為本，以樁法為根，注重內勁之修為，神意合於五行中，丹田鼓蕩。在武當弟子傳承中有築基本功之修煉階梯。欲練太極，先求開展，後求緊湊。一枝動，百枝搖須節節貫穿，行勁如長江大海，滔滔不絕，運勁則如崑崙、大別、太行、秦嶺、五指、蒼山、鶴鳴、青城、崆峒、南嶺、梧桐、天臺連綿不斷。發勁則似

雷鳴閃電，迅雷不及掩耳。

　　欲學武當武術，須中正安舒，鬆沉為要，輕靈圓活貫穿始終，自可辨陰陽，分虛實，達到八面支撐、周身一家之妙。武當養生術隱蹤武當數百年，盛世復出。

　　武當養生術也是和諧身心之術、益壽延年之法。推而廣之，利國利民，功德無量。道不遠人人自遠，隨緣自在，恭敬勤恒求大道，明心見性演神功。願武當養生術之道為和諧社會、幸福之家、中華復興，向世界傳播東方文明發揮巨大的文化潛力。實現全民健身之綱要，造福人類，武當太極拳法定能成為更多人們養身的法寶。

　　此導讀起筆於2008年8月8日北京奧運會開幕之際。願此書與奧運同行，與民族共榮。人人練太極和諧天下，快樂人生。不論你是達官貴人還是市井鄉民，也不論你是教授學者還是商家巨富，結緣武當武術之道，必將終身受益。人老腿先老，太極妙在腰，病氣燥氣當棄之，升清降濁，養太極中和之氣，醒神健腦，通脈益智，武當武術之精義也。

武當真人游玄德謹識南武當山宗師府

目　錄

卷 首 語 ……………………………………… 11

引言：關於道家養生導引術……………………… 15

第 一 式　預備式 ………………………………… 31

第 二 式　抱圓導引 ……………………………… 37

第 三 式　展翅通頸 ……………………………… 49

第 四 式　抻筋拔背 ……………………………… 54

第 五 式　神猴出洞 ……………………………… 65

第 六 式　敲上陰陽 ……………………………… 72

第 七 式　梳理三焦 ……………………………… 79

第 八 式　敲下陰陽 ……………………………… 87

第 九 式　坎離互動 ……………………………… 92

第 十 式　氣補乾坤 ……………………………… 103

第十一式　元氣入海……………………………… 110

第十二式　踮足抖翅……………………………… 115

第十三式　築基固丹……………………………… 119

收　　功 ………………………………………… 124

附錄一　張三豐祖師道要秘訣歌………………… 129

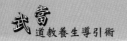

附錄二　武當功夫秘傳——積氣開關說⋯⋯⋯⋯ 131

道學寄語⋯⋯⋯⋯⋯⋯⋯⋯⋯⋯⋯⋯⋯⋯⋯⋯⋯ 133

卷首語

　　中華民族博大精深的歷史文明，可歌可泣，催人奮進。東方文化的魅力無不彰顯著華夏民族輝煌的過去。其子、詩、經、集深奧精闢。豐富的哲理思想，人文精神，激蕩乾坤。其大智妙語雲卷雲舒，山海之氣盡收卷中。

　　從盤古開天地到三皇五帝的中原逐鹿，歷史的長河孕育了中國上下五千年的文明。秦皇漢武的豪邁，唐宗宋祖的智勇，一代天驕的王者之氣，精忠報國的壯烈史詩，四大發明及薪火相傳，鑄就了中華文明之靈魂。我們感恩歷代先哲聖賢們留下的寶貴歷史文化遺產，感恩偉大民族留下太多的輝煌與燦爛，感恩天地造物的神奇，感恩父老賜予的生命，讓人類社會如此的精彩。

　　中國文化的博大精深不僅值得國人敬仰，更令世界人民歎為觀止。著名科學史家李約瑟博士在《世界科技史》中闡述：「人類科技發展史莫不與中國的道

教學術有關……」宋代的大文豪蘇東坡更是對道教文化頂禮膜拜，曾在赤壁天慶觀（真武廟）中修道煉氣四十九天，寫下了影響天下的《赤壁賦》。

漢代的軍事家、思想家、政治家張良，三國時的諸葛亮，元末的劉伯溫，明代的醫藥家李時珍和道教宗師張三豐對道學方術運用更為巧妙，留下了許多傳奇的佳話。

近代文學家魯迅先生說：「中國文化的根底全在道教。」道教文化以樸素的人文哲理，囊括了天文、地理、政治、軍事、自然科學、音樂、武藝、氣功、書畫、建築、風水、醫藥和環保等完整的科學體系，對人類的貢獻卓越，對中國乃至世界都產生了深遠的影響。

為此，我們組織了海內外專家學者，以科學發展觀為指導，以史實為依據，以樸素的哲學觀為宗旨，挖掘整理有學術價值、有科研價值、有文獻價值、有收藏價值的《中華道教文化叢書》九十九集，讓世界瞭解、感受中國文化的無窮魅力，讓傳統的道學為人類和諧社會發揮它潛在的能量，以滿足海內外中國文化熱潮的需求。

謹以此叢書獻給熱愛中國文化、宣導世界和平、致力於人類健康、積極構建和諧天下的人們。我們編委會特遵循：為天地吉祥立心，為和諧社會立命，為

傳承炎黃文化立志，為人們健康福祉立功德，為萬世開太平的歷史使命，無私奉獻，廣結善緣，共同為中華民族偉大復興作出積極貢獻。

游玄德謹識

戊子金秋南武當山瑤池道家養生院

引言：關於道家養生導引術

　　中國養生導引術的歷史是久遠的，它的淵源可追溯到上古幾千年，而且在如此漫長延綿的歷史歲月中從未中斷，從未停止過它的緩慢的延續、積累和發展。

　　最早的導引術相傳為養生鼻祖彭祖所傳。彭祖是傳說中的仙人，後道教奉為仙真。據說彭祖是黃帝的第八代孫，相傳活到八百歲。其宣導的養生術，一直以來被當做神仙術為道家之人用來修行。它透過肢體運動能舒筋活絡，調暢氣血；透過呼吸吐納使精氣內斂，神明內守，百脈匯通。唐代著名醫家孫思邈非常推崇此術，並身體力行，終得以長壽。

　　莊子曾描述過那個時期人們心目中的神仙形象：「肌膚若冰雪，綽約如處子。不食五穀，吸風飲露。乘雲氣，御飛龍，而游乎四海之外。」「大澤焚而不能熱，河漢沍而不能寒。疾雷破山而不能傷，飄風振海而不能驚。」可以想見那時人們心目中的神仙和真

人的能力有多強，而且這樣的神仙人物應該是現實中存在的。

太極養生術就是被認為能使人達到這樣一種神仙境界而同神仙家發生關係的。最著名的養生得道之士也被冠以神仙之名，如相傳活了八百歲的彭祖、八仙之一呂洞賓、武當宗師張三豐等。

道教是世界上最重視人的肉體生命存在的宗教。道教徒認為，人的生命是最可寶貴的，人生最大目標應該是努力去養護、珍惜、延長生命本身。所謂「得道」，就是由養生的手段得到長生久駐。

道教的導引術在道教中傳承和存在有幾千年的歷史，早在古代已被廣泛應用。最早的「導引」，也被稱為「道引」，是道士中使用的一種鍛鍊方法，也是道士在長期修煉中用來舒展筋骨和鍛鍊的一種運動，後來由總結和整理，形成比較完整的一系列動作。導引也是「導氣令和，引體令柔」的意思。「導引」作為養生健康之法，經穴位和經絡導引的順序和部位，一般分為顏面部、頭頸部、上肢部、下肢部、肩背部、腰部和胸腹部。

有一點是十分重要的，就是導引術不只是簡單的肢體運動，實際導引術是呼吸運動、肢體運動、經絡調整和意念活動的結合，是一種疏導氣血、疏通經絡和預防疾病的保健功法。

呼吸運動主要包括導氣、調氣和呼吸。道教對人體的氣非常重視。道家的「氣」古時用「炁」來表示，這個炁和氣現在是同一的意思，但是道教內「炁」和「氣」是不同的。道教內認為：「炁」是一種形而上的神秘能量，不同於氣，一般指構成人體及維持生命活動的最基本能量，有「運動」和「行」的內容存在，同時也具有生理機能的含義。

現在中醫學術語中也還使用此語。炁與不同的詞合用表達各種不同的意義，如五臟之炁、六腑之炁、經脈之炁等。道教認為，人體中存在著「氣道」和「血道」，經絡就是氣道和血道的共同作用和總稱。所以導引的一個重要作用就是導氣，由呼吸和人體氣道的調整，使人的身體機能正常發揮，氣路通暢。人活一口氣，氣在人活，氣無人亡。道家的「氣常」和「氣短」就是指人的壽命長短。道教中講「血為氣之母，氣為血之師。氣行則血行，氣滯則血淤」。從這個基本認識出發，疏通經絡，調和氣血，改善循環，調整人體內在的陰陽平衡，提高身體的抵抗能力，提高機體的免疫能力。

導引的第二項功能就是肢體運動和經絡調整，肢體運動就不多解釋了，主要是肢體的不同運動和按摩運動、還包括漱咽和牙齒的保健。但是對經絡要說幾句話，在2500年前，《黃帝內經》記載說，經絡是

「人之所以生，病之所以成，人之所以治，病之所以起」的根本，經絡是「決生死，治百病」。古代著名的中醫大師張仲景、扁鵲、李時珍、孫思邈等對經絡都有各自獨到的見地。

現代人說，中醫經絡是中國第五大發明，只是現在的手段還不能證實經絡存在的真相，有人說，找到了這個，一定能獲得諾貝爾獎。雖然現在可能還不能夠完全檢測到經絡在人體中的存在，但是一些發明已經證明經絡的存在和正確性。科學家研究證明，動物身體也有經絡，比如老鼠有7條，青蛙有5條。總而言之，經絡在世界上目前尚且是未解之謎，但它確實存在！

經絡是一種能量，就像電一樣，電器工作需要電，誰能說出電是啥樣呢？肉眼看不見！經絡也是條電線，負責傳輸著電，供應著能量。

有中醫用以下幾點來證明經絡的存在：

• 身體感覺——按壓經絡上穴位有酸、麻、脹的感覺。

• 皮膚病走向——一些人的皮膚病，不沿血管，不沿神經，而是沿著經絡分佈。

• 溫度——用熱像儀測身體，把相近溫度的點連線，結果發現是經絡走向。

• 發光體——科學家發現，人是發光體，能主動

發出微弱的冷光，而發光的強點大都在經絡上。

• 用同位素跟蹤、聲音傳導等檢測手段，都能表明經絡運行走向與其他地方不同。

《黃帝內經》講，一年之中，春夏陽氣升發，氣血浮於身體表面，秋冬陽氣內斂，氣血沉於身體之裏；一月之中，每月月圓時，人的氣血較盛，月缺時，人的氣血較弱；一天之中，時辰不同，經絡的氣血衰盛也不同。

關於意念的作用，主要包括存想和精神的運動。道家認為，人經由訓練，將強大或持久精神、意識、思維、情志等心理活動，集中於一點，即可產生意念力。意念是輕度入靜後原神能動的自律性思維狀態，它「捨棄」了一切中間環節，具有「穿透力」。古人說過「意到氣到」「以意領氣」，由意念對氣物質的運動賦予信息量，產生氣化功夫。早在1904年，法國科學家久亞爾就對意念力進行了研究，肯定了意念力的存在，它不是純精神力，而是物質力。後來許多科學家利用久亞爾設計的測試意念力的裝置進行測試，證明許多人都具有這種能力。

道家中還講存想。存想最早見於《太平經》，屬道教修煉的主要法門之一。存想法在道教術語中又稱做「存思」，是道教氣功修煉的突出特點。如道教秘笈《雲笈七籤》認為「學道之基，以存思為道」。

「存思」的作用，一是智靜神凝，也就是說要集中精神，消除心中之雜念；二是強身健體，袪病延年。

存想之功法古代流傳甚多，也是道士們在千百年實踐和與疾病爭鬥所積累的寶貴經驗。由於存想之法非常實用和有效，不但流傳於道教，也盛行於佛門，而且在傳統中醫門中秘密流傳，各有心得體會。醫門中亦不乏高手，著書立說流傳後世，故歷代醫家視若珍寶，秘密傳授，法不入六耳，一直延用至今。

養生導引術重在養生。對養生也要從幾方面認識，養生是一個大的概念，包括身體上和精神上的調養，所以養生包括養身、養心、養食、養智、養神、養氣，稱「六養」。

養 身：

養身最重要就是鍛鍊。人要常活動，使身體各個關節和器官都能夠正常工作，現在人活至百歲並非難事，關鍵就在保持少病，保持自己的氣血通暢，由調整自己的精氣神，保持體內的平衡和器官的正常運行，一定可以自然長壽。而保持之法，就在經常鍛鍊，保持正常生活狀態，注意平衡和四季養生，注意「春生夏長，秋收冬藏」的節令特點。正如《黃帝內經》所言：「聖人春夏養陽，秋冬養陰，以從其根。」保持正常睡眠。

養　心：

養心者，在於用心、放心、清心、開心四心。

用心者，人到了一定年齡，注意力容易分散，這時應該多動腦思考。現代醫學證明，人腦越用越活。人經常動腦筋，多練自己的記憶力，保持良好心態，特別是保持年輕心態是非常重要的，不要老說自己老了。同時要適當閱讀書報刊物，下棋聽音樂，經常保持頭腦靈活，思維活躍。

放心，指的是放開心事，避免為工作、生活中的事牽腸掛肚，特別是中老年人，不要為一些小事就生悶氣，要少關心閒事，特別不要為兒孫事過分操勞，以免產生「肝氣鬱結」。

清心，指清心寡慾。中醫注重七情，大怒傷肝，思則氣結，氣血逆亂則變生百病。現代社會競爭激烈，人有太多的私心雜念，儘量要做到「精神內守」，才能百病不侵。

開心，指應該樂觀開懷，知足常樂。道家以恬淡虛無、順應自然為樂。總之，笑口常開，則病從何來？

養　食：

道教非常重視四季養食的概念。道教認為：春主生、夏主長、秋主收、冬主藏。道教最講究天人合一，要順應時節，方可延壽。所以四季的養食是非常

重要的，我們應該提倡的是科學養食，平時吃飯是應該細嚼慢嚥，吃飯時注意力集中，不亂想和亂看。注意是慢慢吃飯和享受美餐，不是吞嚥食品。

不少人雖然知道咀嚼的好處，可是到吃的時候總是匆匆忙忙，不是在飯桌上聊天，就是邊吃飯邊看書或看電視，塞進嘴的東西連嚼也不嚼就嚥了下去，更別說細嚼慢嚥了。

食物不經過咀嚼，還沒浸透唾液便進入胃裏，可胃還沒有做好接納它的充分準備，還沒來得及分泌出必不可少的胃液，這樣，胃不得不花相當大的力氣去消化還沒嚼透的食物，得分泌出比一般情況下多得多的消化液。如果日復一日這樣工作，胃有可能因胃酸過多而得胃炎，之後還有可能得胃潰瘍。

另外就是提倡「食慢嚥，動為綱，素為常，酒少量，莫愁腸」，這是保養脾胃的五大要訣：

• 「食慢嚥」。如果不想得胃炎、胃潰瘍、胰腺疾患和其他疾病，進食不宜過快。一口飯如果能嚼到36下，一直嚼到沒東西可吞嚥的程度，就會少得或不得胃腸疾病。

• 「動為綱」。指適當的運動可促進消化，增進食慾，使氣血化源充足，精、氣、神旺盛，臟腑功能不衰。因此，人要根據各自的實際情況選擇合適的運動鍛鍊方式和運動量。導引術是一種和緩、自然的活

動，可快可慢，使精神得到休息，肌肉放鬆，氣血調順，整個身心在一種協調中得到平衡和保養。持之以恆可流動氣血，暢達氣機，活動關節，幫助脾胃運化，藉以袪病防衰。

•「素為常」。素食主要包括食植物蛋白、植物油及維生素的食物，如麵粉、大米、五穀、雜糧、豆類及其製品，還有蔬菜、瓜果等。應少吃油膩，多吃蔬菜。日常飲食應以淡食為主，以便清理腸胃。

•「酒少量」。不要嗜酒無度，以免損傷脾胃。少量飲酒能刺激胃腸蠕動，以利消化，亦可暢通血脈，振奮精神，消除疲勞，除風散寒，但過量飲酒，害處很多。飲酒過量，脾胃必受其害，輕則腹脹不消，不思飲食，重則嘔吐不止。

•「莫愁腸」。指人的精神狀況、情緒變化對脾胃亦有一定影響。道家認為：思可傷脾。意指思慮過度，易傷脾胃。脾胃功能失衡，會引起消化、吸收和運化的障礙，因而食不甘味，甚至不思飲食。

養　智：

智指智慧，智慧一定要培養。智是知和日的組合，每天將知識增加一點，每天學習就有智。「慧」代表人的心，代表人的先天狀態和心態。慧者，心繫於事。

慧字上面的兩個「丰」字分別代表國事和天下

事，中間的「彐」字代表家事。從字面上看，家事、國事、天下事都放在心上，稱之為慧。

　　家事離心最近，這說的是家事是最容易接觸的事，也是最起碼應該做好的事。所謂「不掃一屋，何以掃天下」就是這個道理。兩「丰」字平齊在家事之上，說明國事天下事一樣重要，也都比家事重要。

　　心繫於事，是指心裏要裝得下這些事，能把這些事都放在心裏的人，就有了慧的基礎。另外，事與事之間是相互關聯的，是相輔相成的。放在心上，就是用心去想，去思考，思考各事的規律，思考各事之間的聯繫與作用。當這些道理都弄懂了，慧就產生了。

　　慧用心字底，說明慧是一種精神，一種狀態，當一個人的修為達到這種狀態，持有這種精神的時候，他就具備了慧。說一個人有慧根，就是說他善於從事物中瞭解和掌握規律，進而從容處事，瀟灑為人。

　　或者說：慧是智的基礎，智是慧的更高境界。養智慧非常重要。

養　神：

　　古有詩云：「惜氣存精更養神，少思寡慾勿勞心。」大意是：人欲延年百歲，首先要斂氣保精以養其內在精神。的確，「養神」是養生的重要內容，只有精神健康，才能真正長壽。

　　神，在人體居於首要地位，唯有神的存在，才能

有人的一切生命活動現象。古代養生家強調指出：
「神強必多壽。」這裏所說的「神強」實為腦神健全
之意。只有腦神健全，才能主宰生命活動，臟腑協
調、肢體運動、五官通利，全身處於陰陽平衡的正常
生理狀態。所以說，精盈、氣充、神全，為養生長壽
之本，而調攝精、氣、神的關鍵又在於養神。

神只可得，不可失，只宜安，不宜亂。傷神則神
衰，神衰則健忘失眠，多夢煩亂；神不守舍則發為癲
狂，甚則昏厥。安神者在於七情適度，喜、怒、憂、
思、悲、恐、驚各有法度，適可而止。「喜傷心，怒
傷肝，思傷脾，悲傷肺，恐傷腎」，五臟所傷則精神
渙散，精神渙散則神志衰減，神志衰減則諸病叢生。
以上三者又相互聯繫，互為因果。現代醫學也證實，
人類疾病有50％～80％是由於精神過度緊張引起的，
如高血壓、心動過速、神經衰弱等。

養　氣：

氣是人體之本，道教中的氣是「炁」，是指人體
內的炁，人吸收五穀精微之炁。道教和中醫書中用的
「炁」字，含意很廣：是指人體外所有的氣，雖然呼
吸時吸入大量的氣，但是，吸入的這個「氣」，必須
混合大腦和鼻腔中的這個「炁」，這個「氣」對人
體才起作用，人在呼吸過程中起主導作用的是這個
「炁」，為五穀之精微。「脈」，為連續貫通之意，

「炁脈」是人體內炁的流通管道。

俗話講：「內煉一口氣，外煉筋骨皮。」是煉氣在人體內，加強人體的血液循環及震盪人體氣機強筋壯骨的動靜訓練及剛柔。如何使自己正氣不虛，遠離疾病的困擾，是養生的一個重要方面。一少言語養神氣，二戒色慾養精氣，三薄滋味養氣血，四咽津液養肺氣，五莫嗔怒養肝氣，六潔飲食養胃氣，七減思慮養心氣。

道家素重養生導引，這是由於道教的道士長期在道廟和深山中修煉，長期靜坐之後，必須進行肢體和經絡的舒展，這種運動在道教中就稱為導引，又稱「道引」。導，指導氣，引，指引動肢體，因此，導引是肢體運動與呼吸吐納相配合的一種健身治病的道教方術。《抱朴子內篇·別旨》中說「或伸屈，或俯仰，或行臥，或倚立，或躑躅（ㄓㄨˊ形容徘徊不前，原地踏步），或徐步，或吟或息，皆導引也。」這幾乎是把所有的肢體活動都看成了導引。《一切道經音義》中也說「凡人自摩自捏，伸縮手足，除勞去煩，名為導引。」

不過，導引與一般的肢體活動還是有區別的，如《雲笈七籤》卷三十六《雲鑒導引法》中就說：「導引之道，務於祥和，仰安徐，屈伸自有節。」即是說，導引之時，首先精神上必須祥和，身體俯仰之

時，也要不徐不疾，肢體伸曲時，也必須有節奏和節制。

關於導引的作用《玄鑒導引法》中說：「一則以調營衛，二則以消穀水，三則排卻風邪，四則以長進血炁……言人導引搖動，而人之精神益盛也。」即是說，人經由導引，可以調和體內陰陽，促進消化，抗除外病的侵入，還可以使氣血充盈，精神旺盛。

可以說，導引術是我國最土生土長、同時也是古代最高層次的養生技術。傳統導引術是中華養生學的重要組成部分，是由運動肢體、拍打按摩、呼吸吐納、行氣意想等一系列特殊方法，來調動和激發人體內氣，從而達到強身健體的目的。道教根據古人所謂「流水不腐，戶樞不蠹」的道理，認為人體也應適當運動，由運動，可以幫助消化，通利關節，促進血液循環，達到祛病延年的目的。

• 顏面部導引，可使面部皮膚柔潤，增強抵禦風寒的能力。

• 頭頸部導引，可改善頭痛、頭暈、頭脹、失眠以及眼病和神經衰弱等作用。

• 肩背部導引，有改善頭痛、肩周炎及肩背痛、神經衰弱等作用。

• 下肢部導引，有改善膝股疼痛、肌肉風濕、肌肉勞損、麻木不仁狀態以及消除下肢疲勞等作用。

• 腰部導引，除治療腰腹疼痛外，主要是改善泌尿生殖系統和神經系統的病證，如腎虛、遺精、陽痿、痛經、月經不調、頭痛、眩暈、耳鳴、體倦無力和神經衰弱等。

實踐證明，道教的養生導引術對於健身、療病等，確實有積極的作用。後世傳行的八段錦、龍虎功、太極拳、形意拳、八卦掌等，都與道教養生導引術有密切的聯繫。

上個世紀70年代初，考古工作者對長沙市東郊馬王堆漢墓進行科學發掘，出土了數千件珍貴文物，其中包括導引養生方面的著作和彩圖，如《養生方》《導引圖》等。這些珍品的發現，對瞭解漢初及漢以前導引養生的發展有極其重要的價值。說明導引術在漢代就很流行。

《導引圖》是一幅繪有各種運動姿態的帛畫。這幅帛畫復原後，長約100公分，寬約50公分。上面繪有44人，分列成4排，每排11人，人像高9～12公分。從形態和服飾看來，有男有女，有老有少，有的穿長袍，有的穿短裙、短褲，還有裸背的。

考古學家從其運動姿態和所標文字的內容推定，確認為古代的《導引圖》。這是迄今我國考古發現中時代最早的一幅健身圖譜，它為研究我國獨特的「導引術」的源流和發展，提供了很有價值的資料。

長沙市馬王堆漢墓出土的漢代養生導引圖

　　所謂導引術，就是指由肢體的運動，透過丹道梳理，有意識地疏導氣血沿經絡順暢地運行，從而達到舒筋、活血、養氣、怡神、健身的效果。

　　導引術既不屬於氣功，也不同體操。它是在中華民族深厚而悠久的文化土壤中產生的一種獨特的、具有特定內容構成和功能的養生治病方法體系。

　　武當派弟子，是嫡屬於武當內家拳祖庭張三豐的傳人，根據三豐祖師的指點和秘傳，以長生成仙的宗教信仰為驅動力，吸納、保存或創新了諸多保持身心健康的道術。其中，以體育治療和保健科學來說，道教信徒即將上古時代發明的用於某些疾病預防與治療的導引方法納入其長生成仙的修煉體系，並使之發展成為一種既成熟又富有特色的導引修煉術。

　　《張三豐太極煉丹秘訣》第二卷《太極長生訣》

中，三豐祖師對太極養生導引的功法作了詳細的描述和介紹，武當道士根據此理，修煉太極養生導引術。

武當太極導引術是呼吸運動、肢體運動和意念活動三者相結合的一種宣導氣血、引治疾病的保健功法。導引術的目的就是由各種導引術勢，加強體內的氣血流動，促進體內的新陳代謝，主要達到如下的功能：平衡陰陽，調和氣血，疏通經絡，充足真氣，扶正驅邪，強筋健骨。

道家提出人體健康的三個重要因素，就是精、氣、神，即要求人能夠精滿、氣足、神旺。透過導引術是一種主動性的對身心調節，達到精滿、氣足、神旺，對防病治病、鍛鍊身體、延年益壽，都有很積極的作用。

武當派內一直留傳著其獨特的武當導引術。武當派道教信徒在武當山修道和鍛鍊中，總結和歸納了武當獨特的導引術，該導引術分為站式，坐式，這兩種姿勢也可以合併鍛鍊。同時也總結了一些丹道術和適合老年人的丹道修煉方法，在此我們特歸納和奉獻給大家。

本書即以武當派內部傳承和修煉的導引術為基礎，總結和提煉了一些道家導引和養生方法，特公佈於世，以造福於人類。

袁天沛於北京玄武堂

第一式　預備式（入靜）

　　雙足平行分開，與肩同寬，兩膝微屈，鬆肩直腰，上身自然直立，不偏不倚；雙臂放鬆，雙手疊放在丹田處（這是道教弟子練功的基本動作）；頭正頂，目視前方；調整呼吸，深呼吸三次，吐納（鼻吸口呼），放鬆、入靜。（圖1）

圖1

口訣

兩足分開平行站，開步要與肩同寬，

頭頂身直肩鬆墜，兩膝微屈對足尖，

舌頂上腭聲阿處，手要自然疊丹田，

凝神調息垂雙目，靜默呼吸似神仙。

　　練功時，面部表情自然、微笑，雙目平視前方，不要仰頭或低頭，也可閉目去練。呼吸自然，周身放鬆，忌用拙力。只要能使身體自然直立，可以放鬆訓練，即意識從上到下反覆放鬆 3 次。順序為頭部、頸部、肩部、臂部、兩手、胸部、腹部、腰部、胯部、大腿、小腿、腳掌。放鬆的正確做法是，避免無意識的肌肉緊張用力，恢復自然狀態。

【謹記】

　　要領是虛領頂勁、沉肩墜肘、虛胸實腹、圓襠活胯、命門外突、尾閭內斂、膝微前屈、湧泉含空、十趾抓地、全身鬆沉。

　　首先要學會放鬆和入靜。養氣練氣，先養後練。既能入靜，又能養氣的方法，就是站樁，導引術的預備式就是站樁基本功。一般沒有經過鍛鍊的人，氣一般是上浮，足下無根。這個動作就是靜功的最初步功法——站樁。站樁的目的就是使得人體有根，氣向下沉，升清降濁，養心意智。

　　其次，道家最講究太極，太極就是陰陽，這是辯證的關係。天下萬物都離不開陰陽，講究陰陽合度，不偏不倚，說白了就是要講究自然放鬆，身心都要放鬆，特別是心裏的放鬆和入靜，練功時不想任何雜事，專一而進入混沌狀態。

　　站姿，十趾抓地，足心含空，兩腿微屈，斂臀鬆胯，含胸鬆腹，沉肩墜肘，精神集中，全身放鬆。這是在靜止狀態中實現中和陰陽，疏通經絡，調和氣血，培養人體內在潛能，意想自己頭頂藍天，腳踏大地，身體充塞於天地之間。

【呼吸】

　　站好以後，首先做3次深呼吸，以鼻呼嘴出，反覆3次。深呼吸就是做到腹式呼吸。胸腹式呼吸聯合進行，可以排出肺內殘氣及其他代謝產物，吸入更多的新鮮空氣，以供給各臟器所需的氧分，提高或改善臟器功能。深呼吸能使人的胸部、腹部的相關肌肉、器官得以較大幅度的運動，能較多地吸進氧氣，吐出二氧化碳，使血液循環得以加強，對於解除疲憊、放鬆情緒都是有益的。

　　開始調息時，可採用吸氣時默念「靜」字，呼氣時默念「鬆」字，以助調息入靜。

　　逐步鍛鍊，然後是恢復到呼吸自然、均勻、緩慢、細長。而後是「呼吸精氣」。所謂「精氣」，就

是要求練功要在空氣新鮮的環境裏進行。

關於呼吸問題，是我們進行導引術中非常重要的一個環節，要格外注意導引時上升與下降時的呼吸關係。

記住一句古人的話：「氣乃神之母，神乃氣之子，心息相依。」吸氣時，意念緊守丹田，呼氣時，用意念將氣向手足導引，形成一個圍繞丹田循環往復。只要有志得法，總會練到爐火純青。

另外，舌頂上腭，面帶微笑，心感舒服，用意輕輕，氣息綿綿，全身內外就會高度放鬆，動作也就會自動配合，緊密相隨，緩慢輕柔地進行。

練功時的呼吸可以分為鼻吸口呼和鼻吸鼻呼兩種，根據不同的導引方式，採用不同的呼吸方法。

鼻吸口呼的方法。鼻吸口呼稱謂「鼻吸天地清氣，口吐腸胃濁氣」，是我們一般運動和鍛鍊時採用的方法。經由鍛鍊可以達到深呼吸（腹式呼吸）的目的。呼吸時注意把握以下幾點：

第一，呼吸要深長而緩慢；

第二，用鼻呼吸而不用口；

第三，一呼一吸掌握在15秒鐘左右，即深吸氣（鼓起肚子）5～8秒，屏息1秒，然後慢呼氣（回縮肚子）5～8秒，屏息1秒。

我們知道，人靠呼吸存活，呼吸一旦停止人馬上

就會死亡，呼吸重要到幾乎等於人生，只有呼吸人才有生機。然而一般人大都只用淺呼吸過活（胸式呼吸），因此只使用到三分之一的肺，另外三分之二的肺都沉積著舊空氣。如果運用腹式呼吸法（呼吸意識化）進行呼吸，肺就能夠完全被使用。

腹式呼吸能夠讓體內充分取得氣的功能，同時也攝取更足夠的氧氣，如此一來，既可淨化血液，更能促進腦細胞活性化。

進行深呼吸有如下好處：

第一，擴大肺活量，改善心肺功能。能使胸廓得到最大限度的擴張，使肺下部的肺泡得以伸縮，讓更多的氧氣進入肺部，改善心肺功能。

第二，減少肺部感染，尤其是少患肺炎。

第三，可以改善腹部臟器的功能。它能改善脾胃功能，有利於舒肝利膽，促進膽汁分泌。腹式呼吸可以通過降腹壓而降血壓，對高血壓病人很有好處。

第四，對安神益智有好處。可以在睡眠前進行深呼吸訓練，對睡眠非常有用。

道教中早就流傳著一種六字訣的吐納法。六字訣的吐納法為鼻吸口呼，勻細柔長。但在吐氣時是否出聲的問題上，認識各不相同。陶弘景《養性延命錄》中「氣聲逐字」是出聲的，孫思邈也基本沿用其法，而唐代胡愔以後的大多數文獻改為呼吸皆應令「耳不

得聞其聲」。六字訣主要應用的是發聲法，其順序為呬、吹、噓、呵、呼、嘻。這六字由不同發音口型及唇齒喉舌的用力不同，以牽動不動的臟腑經絡氣血的運行。這種方法要經過訓練，一般只在道內傳播。

我們在進行養生導引術時，一般使用鼻吸口呼的方法，配合動作，一般採取用力時呼氣、放鬆時吸氣的方式。一般動作是向上時吸氣、向下運動時呼氣或前呼後吸。特別是在每一開合動作交替時，即呼氣與吸氣更替時，意息動作依然如故，平穩緩慢，連綿不斷，導引時如清澈平穩、長流不息的江河，使人感到腳穩如泰山，身輕如鴻毛，那種行雲流水、悠閒舒心之感油然而生。

還有一種方法為鼻吸鼻呼法，這也是道教中的一種調息訓練方法。做這種呼吸時一定要和意念配合，精力集中，氣築丹田。也可以做到深呼吸，但是這種呼吸方法一般採用在築基、提肛和丹田訓練上。

第二式　抱圓導引

　　雙手放在丹田處，掌心向上疊放，雙手拇指對頂，成抱圓守一狀態。調定呼吸，靜片刻後，兩手自身體兩側緩緩上抬，掌心向下，雙手舉至水平時，再翻掌向上，將雙手成一隻手托太陽，一隻手托月亮。雙手向上起，到頭頂後向下壓，從頭如捧日月。然後雙手指相對，自頭頂、面前、胸、腹的次序沿身體中線下降，直至按到小腹的下丹田部位。同時意想天地之氣、自己發出的外氣自頭頂百會穴灌入，隨著兩手的下按，自然地沿身體中軸下沉至腹部下丹田，回到最初的抱圓守一狀態。注意手臂上升時吸氣，手臂灌頂下壓時呼氣。反覆 9 次。（圖2～圖10）

口訣

保持雙足平行站，抱圓守一意丹田，
伸展雙臂向上起，翻掌擎起日和月，
雙灌氣壓通百會，下沉導引到湧泉，
道家玄數上為九，輕鬆導引氣沖滿。

圖2

圖3

圖4

圖5

圖6　　　　　　　　　　　　圖7

圖8　　　　　　　　　　　　圖9

圖10

　　這個動作是武當太極養生導引術中的基本動作，用此動作來進行導引舒展，由配合肢體的鬆透舒展，使內氣流注全身，氣達四梢，在心神安逸的無為心境下，使氣息自然運行，有助於經絡氣脈的通暢與健旺，以期達到調整身心、預防疾病的奇妙功效。

　　在武當弟子中有一修真秘訣，這樣寫到：「陰陽子午一線連，河車搬運氣丹田。心猿意馬須鎖定，吐故納新養紅顏。安爐立鼎文武火，三花聚頂九轉丹。性命雙修有秘訣，五氣朝元大周天。」

　　要求凡修習內功之人，必須知道調息、調心、調身之法。道家講修真煉丹，這個「丹」並不是物理的丹藥，而是指內丹。內丹修煉需要時間和功力，還需

要方法。道家講煉丹火候至妙。這個火候就是由鍛鍊，須打通奇經八脈，調和氣血，升清降濁，陰陽平衡，自然百病不生。

人生全靠一口氣。道家講修真氣，透過導引和調息，努力鍛鍊培養真氣，做到意到氣到，氣到血到，氣足血旺，暢通經絡，免疫力提高，百病消除，身體自健。

首先，我們要對人體的經絡學和人體的穴位有所瞭解。《黃帝內經》認為，人體中存在著肉眼看不見的經脈和絡脈，總稱經絡。經絡起到溝通內外、貫穿上下、聯繫前後左右的作用，將人體外在的筋、脈、氣、血、九竅與內在的五臟六腑連成一個有機的整體。經絡通暢，則氣血通和；氣血通和，則百病不生。《黃帝內經》說：「經脈者，人之所以生，病之所以成，人之所以治，病之所以起。」其意是說人的生老病死或疾病的產生與治癒，均與經脈息息相關。

經絡遍佈於全身，是人體氣血運行的主要通道，也是聯結人體各個部分的基本途徑。人體的臟腑、器官、皮毛、孔竅、肌肉、筋腱、骨骼等，就是依靠經絡的溝通和聯結而成為一個有機的整體。人的肢體關節，本來就是用來運動的，人的血脈和神經，是必須讓它通暢和順的。閒居無事時，就應該行導引之法，所謂「戶樞不蠹」，說的就是這個道理。人的氣血精

神，是與人的生命一體並用來保護生命的。人體內的經脈，是用來讓氣血運行的。氣的作用是溝通津血、強健筋骨、活絡關竅的。

經絡系統由十二經脈、奇經八脈和十二經別、十二經筋、十二皮部，以及十五絡脈等組成。

經脈可分為正經和奇經兩類。正經有十二，即手和腳都各有三條陰經和三條陽經，合稱「十二經脈」，是氣血運行的主要通道。奇經有八條，即督、任、沖、帶、陰蹺、陽蹺、陰維、陽維，合稱「奇經八脈」，有統率、聯絡和調節十二經脈的作用。

十二經脈又名十二正經，是經絡系統的主體。其命名是根據其陰陽屬性，所屬臟腑、循行部位綜合而定的。它們分別隸屬於十二臟腑，各經用其所屬臟腑的名稱，結合循行於手足、內外、前中後的不同部位，並依據陰陽學說，給予不同的名稱。

奇經八脈的分佈規律：

奇經八脈的分佈部位與十二經脈縱橫交互，八脈中的督脈、任脈、沖脈皆起於胞中，同出於會陰，其中督脈行於背正中線；任脈行於前正中線；沖脈行於腹部，會於足少陰經。奇經中的帶脈橫行於腰部，陽蹺脈行於下肢外側及肩、頭部；陰蹺脈行於下肢內側及眼；陽維脈行於下肢外側、肩和頭項；陰維脈行於下肢內側、腹和頸部。

奇經八脈的作用：

一是溝通了十二經脈之間的聯繫，將部位相近、功能相似的經脈聯繫起來，起到統攝有關經脈氣血、協調陰陽的作用；二是對十二經脈氣血有著蓄積和滲灌的調節作用，奇經八脈猶如湖泊水庫，而十二經脈之氣則猶如江河之水。

人體穴位：

人類對穴位的瞭解也是人類對自身長期實踐的結果，由病痛和觸摸而摸索出的結論。是一代又一代人由反覆摸索、實踐後，根據天體有365份、一年有365天、人與宇宙相通的科學判斷，逐漸發現和定義了最原始的365個人體經穴。實際上人體周身約有52個單穴、300個雙穴、50個經外奇穴，共720個穴位。有108個要害穴，其中有72個穴一般點擊不至於致命，其餘36個穴是致命穴，俗稱「死穴」。死穴又分軟麻、昏眩、輕和重四穴，各種皆有9個穴，合起來為36個致命穴。

關於丹田穴：

丹田位置在肚臍下量三指的位置。丹田原是道教內丹派修煉精氣神的術語，現在已被各派氣功廣為引用。《東醫寶鑒》引《仙經》之文，不僅指出丹田的所在，而且還闡述了丹田的功能：「腦為髓海，上丹田；心為絳火，中丹田；臍下三寸為下丹田。下丹

田，藏精之府也；中丹田，藏氣之府也；上丹田，藏神之府也。」古人稱精、氣、神為三寶，視丹田為貯藏精、氣、神的所在，因此很重視丹田的意義，把它看做是「性命之根本」。

人身雖有三丹田之說，但實際練功時除特殊情況外，一般所說的意守丹田，都是指意守下丹田。古人認為下丹田和人體生命活動的關係最為密切，是「性命之祖」「生氣之源」「五臟六腑之本」「十二經之根」「陰陽之會」「呼吸之門」「水火交會之鄉」，是真氣升降開合的樞紐，是彙集、烹煉、儲存真氣的重要部位。

歷代道家主張意守丹田，因為這個部位對人體生命活動的關係最為密切。它位於人體中心，是任脈、督脈、沖脈三脈經氣運行的起點，十二經脈也都是直接或間接通過丹田而輸入本經，再轉入本臟。

常言說：天有三寶日、月、星，地有三寶水、火、風，人有三寶精、氣、神。道家非常重視人體三寶的修煉和養護，提出「養精」「保精」和「煉精」的養生作用，強調「養氣」「補氣」和氣功運動，「得神者昌，失神者死」「形神兼養，養神為先」的心養作用。

精、氣、神在傳統養生理論中是作為人體生命的三個基本要素出現的。其中精、氣是生命活動的物質

基礎，而神則被視為生命活動的外在表現，或稱為生命結構的總體功能資訊。三者之間具有互相資生的內在聯繫：精充氣足則神全，神躁不安則傷精耗氣；精氣不足，神也易浮躁不寧；只有精、氣、神充盈，機體的生命活動才可能在健康狀態中運行。

　　道家認為，丹田是真氣升降、開合的基地，也是男子藏精、女子養胎的地方。人的元氣發源於腎，藏於丹田，借三焦之道周流全身，以推動五臟六腑的功能活動。人體的強弱、生死存亡，全賴丹田元氣之盛衰。所以養生家都非常重視保養丹田元氣。丹田元氣充實旺盛，就可以調動人體潛力，使真氣能在全身循環運行。意守丹田，就可以調節陰陽，溝通心腎，使真氣充實暢通八脈，恢復先天之生理機能，促進身體的健康長壽。

百會穴：

　　腦袋上方的一個地方，但不是正頭頂的地方，這裏明顯比周圍地方要凹一點，約1元硬幣大小。因為這裏是骨縫的交界處，是腦神經的末端和頭部的毛細血管的集結地，是一個容易至人受傷的地方。

　　根據「四海」理論，「腦為髓海」。百會穴與腦密切聯繫，是調節大腦功能的要穴。百脈之會，貫達全身，頭為諸陽之會、百脈之宗，而百會穴則為各經脈氣會聚之處，穴性屬陽，又於陽中寓陰，故能通達

陰陽脈絡，連貫周身經穴，對於調節機體的陰陽平衡起著重要的作用。

此動作首先是疏通經絡和氣血，將氣血調開，通過上升導引，貫通百會穴，將氣和意念歸到丹田，最後貫穿到湧泉穴。

湧泉穴：

是人體足底穴位，位於足前部凹陷處第2、3趾趾縫紋頭端與足跟連線的前三分之一處，為全身俞穴的最下部，乃是腎經的首穴。

我國現存最早的醫學著作《黃帝內經》中說：「腎出於湧泉，湧泉者足心也。」意思是說，腎經之氣猶如源泉之水，來源於足下，湧出灌溉周身四肢各處。所以，湧泉穴在人體養生、防病、治病、保健等各個方面顯示出它的重要作用。

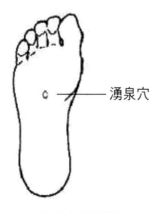

湧泉穴

湧泉穴位置圖

　　此穴位的主治疾病：神經衰弱、精力減退、倦怠感、婦女病、失眠、多眠症、高血壓、暈眩、焦躁、糖尿病、過敏性鼻炎、更年期障礙、怕冷症、腎臟病等。穴道指壓法治療腦溢血後的復原、穴道按摩治療膀胱炎、指壓法治療白髮等等。

　　最後談一下，為什麼我們導引時要以9次為基數？道教中有術數，術數又稱數術，是古代道教五術中的重要內容。術，指法術（方式方法），數，指理數、氣數（運用方法時的規律），即陰陽五行生尅制化的運動規律。此外，九主要取自易經，易經曰：「有數則有象，有象則有占，有占則有理。」數九為最大，所以練功時以九為一個數段。

　　此外，張三豐祖師在其《積氣開關說》中說道：但運穀道輕提，踵息緩運，每次須加九次，九九八十一次為終。其氣自然周流，其關自然通徹。倘若未通，後加武訣，逐次搬行。此段話說的就是在進行導引運動時，以九為一節，每次增加總以九為節，最多到八十一次。到時周身的經絡和氣血就自然流暢，經絡通徹。

　　道教中還有一句話說：「法於陰陽，和於術數。」這句話來自《黃帝內經》，岐伯回答：「上古之人，其知道者，法於陰陽，和於術數，飲食有節，起居有常，不妄作勞，故能形與神俱，而盡終其天

年，度百歲乃去。今時之人不然也，以酒為漿，以妄為常，醉以入房，以欲竭其精，以耗散其真，不知持滿，不知御神，務快其心，逆於生樂，起居無節，故半百而衰也。」通俗解釋，岐伯回答道：「遠古時代能夠懂得養生之道的人，會效法自然界陰陽變化的規律而起居生活，會遵照正確的養生方法來調養鍛鍊，飲食有節制，起居有規律，不過度操勞，所以才能身心健康，從而活到人類自然壽命的期限，即百歲以上。現在的人則不按照自然界的規律辦事，把酒當做飲料來喝，酒醉後行房事，縱情色慾而耗竭腎精、耗散真氣，不知道保持自己的正氣強盛，不知道調養自己的精神，只圖眼前的快樂，違背了養生之道，所以現在很多人六七十歲就已經很衰老了。」

還有一點要強調，就是在做導引術時，動作要慢，同時要與心理、呼吸配合，做到行神合一。這種導引術運動對心理健康非常有益。心理上要放開，不能太緊張，心胸要廣闊。特別是現在生活節奏太快、太緊張，急促的步伐，正需要導引術的慢與柔去調和。一般做一次完整的導引術時間在15分鐘左右。

第三式　展翅通頸

　　兩腳分開，與肩同寬，兩臂自然下垂，全身放鬆，兩眼平視，均勻呼吸，然後將雙手上舉至頭頂相會，手背緊繃，手掌向上，心中數 9 秒以上。此時手掌中指應該發麻，表明此時的頸部經絡舒展通暢。然後雙臂上下緩慢搖擺 9 次以上，使頸椎的經絡舒展鬆弛。注意呼吸和動作的配合。（圖11～圖14）

圖11　　　　　　　　　　　圖12

圖13

圖14

口訣

保持雙足平行站，雙臂平伸掌外旋，
雙手緊繃向上翹，手尖微麻筋通展，
頸部經絡是命要，通則不痛是淵源，
平展緩慢揮臂動，上下揮動天地寬。

　　這一式動作主要是將頸部和頸椎的經絡舒展，氣脈血脈調通。

　　現代人很多時間工作在電腦前，很多人每天工作後是頭昏腦暈，頸椎酸痛。這是因為頸部的氣血不通，氣血淤積在頸部，從而產生頸椎病。頸椎病的主

要症狀是頭、頸、肩、背、手臂酸痛，頸脖子僵硬，活動受限。頸肩酸痛可放射至頭枕部和上肢，有的伴有頭暈、房屋旋轉之感，重者伴有噁心嘔吐，臥床不起，少數可有眩暈，猝倒。

從經絡學來說，頸部疼痛被稱之為「不通則痛」，就是頸部的氣血不通。由這項引導運動可以舒展頸椎的筋骨和經絡，將頸部的血脈和肌肉放鬆，能迅速消除疲勞、緩解肌肉緊張及疼痛，加速血液循環，增加細胞供氧量，增強細胞活力，使身心備感輕鬆，對改善多種慢性疾病如頸椎炎、肩周炎、腰肌勞損、貧血、神經衰弱、失眠、靜脈曲張等作用顯著。

頸椎上連頭顱，下接軀體，支配著頸部、軀幹及四肢的許多活動，同時也潛在著容易受傷和受損的危險性。特別對於長期伏案和低頭工作的人來說，容易產生頸椎疾病。頸椎病的發生和發展，還會導致其他系統一些疾病，如動脈硬化、高血壓、冠心病、頭痛頭暈等，嚴重影響著人們的正常工作與身心健康。因此，對於頸椎病，除了一經確診便應及早治療外，最重要的還是要加強預防。

由於頸脊髓受到刺激、壓迫或者脊髓的動脈血管受到刺激壓迫後，使脊髓血液供應不足，從而導致脊髓的功能障礙，可以出現脊髓型頸椎病。其典型的臨床症狀主要表現為：進行性的四肢麻木、無力、僵

硬、活動不靈活、行走踩棉花感，甚至四肢癱瘓、胸部或腹部的束帶感覺、大小便困難或失禁等。

由於頸部交感神經受到刺激或壓迫，會出現交感型頸椎病。其典型的臨床症狀主要表現為：頭痛或者偏頭痛、頭暈，可伴有噁心、嘔吐、視物不清楚、模糊，視力下降，瞳孔擴大或者縮小，眼睛後部脹痛，心跳加速，心律不整，心前區疼痛，血壓升高，頭頸部以及四肢出汗異常以及耳鳴、聽力下降、發音障礙等，也可表現為眼花、流淚、鼻塞、心動過緩、血壓下降、胃腸脹氣等複雜狀況。

舒經通背活動脊柱的胸椎，能夠做到從前弓形轉向後弓形的調劑活動，使脊髓神經獲得良好的鍛鍊。其次，在運動時能使肩背部分的肌肉得到更多的舒展，脊椎骨有力和富於彈性。達到神形合一，自能一氣貫穿，逐步形成周身一家；雙臂撐合自能感悟胸中腰間開合。有舒筋通絡、活血散淤、消腫止痛、滑利關節、整復錯縫等作用。

道家的導引術不同於按摩。導引術是一種主動的運動，注重經絡和氣脈的導引和疏通，特別加上內功和心性的修煉，是任何外力不能代替的。

道家認為，經絡是由氣經和血經組成的。身體上存在著氣脈系統和血脈系統的概念。氣脈是人身上的能量管道，看不見也摸不著，但確實是存在於每個人

的身上。經絡又是運行氣血的通道，在心氣的推動下，使氣血周流全身，以營養各組織器官，並發揮抗禦外邪、保衛機體的作用，從而維持人體正常的生理活動。氣脈系統與血脈系統在部位分佈、生理功能和病理變化等方面各有不同，但是兩大系統之間卻在生理上相互聯繫、脈道上相互影響而密不可分。如果人的經絡和氣血脈道產生阻塞，就會出現痛感，這就是道路不通了的現象，「不通則痛，通則不痛」說的就是這個道理。

經絡是生命的動力系統。內、外二氣在經絡裏流動，衝擊臟腑神經等器官，使生物體實現生命功能，形成各種生命現象。外氣外精通過感官進入人體經絡，內氣由內精（細胞）泵動神（炁體）的形成。炁體和體液佔據著相同的管道，所以有「經絡主行氣血，是氣血的通道」之說。

經絡空間由體液佔據時為血脈，由炁體（神）佔據時為氣脈，行氣則在氣脈和血脈內流動。

道家常用「炁」這個字，炁是中國哲學和道教中常見的概念，不同於一般的氣。道教認為人體具有先天之炁，這種炁有神秘能量，我們現在修煉的為後天之氣。「炁」和氣同音，但是意義上有所不同。

第四式　抻筋拔背

　　兩腳分開，與肩同寬，兩臂自然下垂，全身放鬆，兩眼平視，均勻呼吸。首先將雙手放在丹田處，掌心向上交叉，然後雙臂交叉於胸前，左臂向上撐展，手心向上，到頭頂形成托天狀，眼跟著手上視，右臂同時向下伸展，形成托天撐地之勢。然後換手，雙手同時到丹田形成交叉狀。右臂向上撐展，手心向上，眼跟著手上視，左臂同時向下伸展，形成托天撐地之像，此為一個循環。然後雙臂上下緩慢交叉運動9次以上。注意呼吸和動作的配合。（圖15～圖23）

口訣

　　雙手重疊放丹田，左上右下臂捧圓，
　　左手旋臂托天去，眼跟左臂目上觀，
　　右手同時向下按，雙交叉臂一循環，
　　呼盡吸足勿用力，筋脈疏通元氣現。

圖15

圖16

圖17

圖18

圖19

圖20

圖21

圖22

圖23

押筋拔背這個導引動作如同一個人頂天立地，將身體的經絡和骨骼伸展張開，使人體的氣血疏通。

《黃帝內經》說道：「吾聞上古有真人者，提挈天地，把握陰陽，呼吸精氣，獨立守神，肌肉若一。」我們先從這句話說起。這句話的意思是：與大自然界融為一體（提挈天地），中道行事（把握陰陽），調整呼吸（呼吸精氣），守住自己的內心本性世界（獨立守神），體悟身體的整體性（肌肉若一），身心才能真正健康。

這裏所謂「真人」，道家稱修行有成的道士為「真人」，是得道的高人，這種人一般都是仙風道

骨，超凡脫俗，壽命可比南山。

那麼「真人」們是怎樣來生活的？是怎樣來修行的？是不是每天搓麻將到凌晨兩三點鐘、狂飲豪賭、通宵達旦呢？肯定不是。真人之所以能夠「壽敝天地，無有終時」，就是說能夠達到這樣的長壽肯定有他的方法和秘密，這個秘密就是他們日常練功修行的方法——「提挈天地，把握陰陽，呼吸精氣，獨立守神，肌肉若一」。

「提挈天地」就是將人立於天地間，要有一種頂天立地的氣概。道家講「天、地、人」三才合一，「天地乃一大宇宙，人身乃一小宇宙」「其大無外，其小無內」，最基本就是要求做到天人合一。

有一點是需要說明的，導引術不同於一般的體育鍛鍊和保健操，導引術是身體、經絡、心理和意念的綜合運動，而一般鍛鍊只是身體的運動。另外一點就是，導引術也是一種經絡的調養方法，沒有過於激烈的運動方式，不會對身體產生任何的副作用。

導引術起源於上古，原為古代的一種養生術。早在原始時代，先民們為了表示歡樂、祝福和慶功，往往學著動物的跳躍和飛翔姿勢舞蹈，後來發展成為鍛鍊身體的導引方法。

到了春秋戰國時期，導引術就已非常流行，為當時神仙家與醫家所重視。後為道教承襲作為修煉方法

之一，並使之更為精密，使「真氣」按照一定的循行途徑和次序進行周流。

道教將其繼承發展，以導引為練身的重要方法，認為它有調營衛、消水穀、除風邪、益血氣、療百病以至延年益壽的功效。

東漢三國時代的醫學家張仲景、華佗等，都很重視導引療法。華佗對他的弟子吳普說：「人體欲得勞動，但不當使極爾。動搖則穀氣得消，血脈流通，病不得生，譬猶戶樞，終不朽也。為導引之事，熊經鴟顧，引挽腰體，動諸關節，以求難老。」可見華佗已知運動能幫助人的消化能力，促進血液流通，正如門窗的樞紐一樣，經常活動就不容易腐朽。華佗認為只要人們堅持鍛鍊，引挽腰肢，活動關節，可以增強體質，預防疾病，使人健康長壽。據史籍記載，由於華佗堅持導引鍛鍊，相貌猶如兒童。

道教導引術是也是中國醫學寶庫中的重要組成部分。這種導引方法和一般的體育運動不同，不論技術上、理論上都有它獨特的內容。導引術鍛鍊時要求呼吸運動、心理調整和軀體運動密切結合，而且還強調心神合一，用身體、心理、意念和經絡氣脈一起調整鍛鍊，調動機體內在的因素。它不僅能增強體質，防治疾病，而且能防止衰老、延長壽命。

所謂的意念訓練我們也稱為存想運動。中國道教

非常重視意念的訓練和作用。意念是一種調整心理和大腦的運動，使身體可以做到排除雜念，神經專一，達到入靜和入神的狀態。

《素問·遺篇刺法論》說，人可以訓練到「心如日，赤氣自心中出，南行於上，化作焰明，頭上如北斗之煌煌」。《備急千金要方》也有意念的解釋，「空中太和元氣如紫雲成蓋，五色分明，如水滲入地，透皮入肉，從頭頂達於湧泉，四肢五臟皆受其浸」。如能經常如此地習練，久之則皮毛潤澤，耳聰目明，百病可除。

實際上意念的鍛鍊也是一種意志的鍛鍊，由自覺地調控心理活動，使得身體氣血調順、元氣充沛，使人精神振奮，形體矯健，集中注意力，順利達到入靜意守神靈的目的。

意念的鍛鍊基本要求就是以一念代萬念，讓思想處於一種安靜的「入靜」狀態，不為物欲名利所驅，不讓煩惱瑣事所牽，做到心中坦然，真正進入「恬淡虛無」的境界。但這是個循序漸進的過程，初練者只需做到清心寡慾、平息雜念即可，以後逐漸過渡到「意念歸一」的境界。

以下介紹幾種調心練意的具體操作方法。

放鬆法：

就是有意識地放鬆身體、使注意力集中而排除雜

念，達到心安神寧的目的。做法是在練功前自然擺放身體姿勢，以舒適、輕鬆、安穩為準。

暗示誘導法：

就是默誦一些對自己身心調適有益的簡單而健康的字句，如「放鬆」「鬆靜」等；也可反覆默念數字「1、2、3……」或反覆默數自己的呼吸次數至百又反覆，週而復始。默誦的速度不宜過快，語調應輕柔舒緩。上述方法可幫助你儘快集中意念而入靜。

存想法：

在雜念紛繁不易入靜時，反覆回憶追想簡單的一首詩、一座山水或一個動作，也可使意念不由自主地集中起來。

觀物法：

指在練功時，雙目微張，注視眼前自己喜愛的、賞心悅目的物品，如花草、金魚等，要求專心致志地注視直至景物模糊而入靜。此法較適於煩躁不安、難以集中注意力的人。

另外，有的功法如「採日精」「吸月華」等，也是由注視初升的朝陽或夜間明月，加上想像和意念導引達到練功目的。

凝神法：

就是集中注意力，將意念守在身體某些特殊的部位和動作姿勢，如俞穴（丹田、湧泉、氣海等）、經

行部位、內臟（又稱「神光反照」「內視」）等，以及假想抱球、接球的姿勢等。意守的目的是達到雜念不起，初學者的意守是「有意之調」，逐步練習後可達到「無意而調」的調心練意最高境界。

存想是指意念在身內以存神。《天隱子·存想》中說：存謂存我之神，想謂想我之身，閉目即見自己之目，收心即見自己之心，心與目皆不離我身，不傷我神，此為存想之漸也。長久地把意念集中在身內，會產生一些神奇的感覺，易調動人體的真氣，產生「自發功」。這可能就是後來人們所說的氣功運動。當然我們道家的導引術是一種天人合一的運動，一般也不特別強調意念的作用，也決不會練出走火入魔的狀態和情況。

透過觀察與現代實驗研究，證明導引術對中樞神經系統有著良好的影響，同時能加速血液循環，降低能量消耗，改善消化、呼吸系統功能，促進新陳代謝，增強人體免疫功能。由於它具有簡、便、廉、驗等特點，深受廣大人民群眾的喜愛。

第五式　神猴出洞

　　雙肩肘部運動，先循環後擺、左右呼應。兩腳分開，與肩同寬，兩臂自然下垂，全身放鬆，兩眼平視，均勻呼吸。

　　然後左臂上抬，如同手提一桶水，手從中線上抬到下頷，然後向左後面臂展，頭部跟著臂部轉動，右臂向下自然放鬆。

　　然後右手輪換交叉，右臂上抬，如同手提一桶水，手從中線上抬到下頷，然後向後面臂展，同時頭部逆向搖擺。雙臂上下輪流向後搖擺9次。

　　注意一定將肩肘部、頸部肌肉鬆弛，如同猴子出洞舒展筋骨，左顧右盼。注意身正，不能搖擺。（圖24～圖29）

　　然後進行雙肩前擺導引、雙肩向前左右呼應導引：如同在空氣中游自由式狀態，雙臂交叉輪換向前上下搖擺 9 次，使得雙肩和頸椎肌肉鬆弛、舒展。注意動作要慢，左抬手時吸氣，右臂抬時吐氣，呼吸的調整對導引術來說非常重要。（圖30～圖35）

圖24

圖25

圖26

圖27

圖28

圖29

口訣

保持雙足平行站，自然放鬆意丹田，
左臂提水到下頜，腰轉向後到頂端，
頭部與臂同向動，右臂交叉也開旋，
然後向前如划水，肩部鬆弛頸舒展。

圖30

圖31

圖32

圖33

圖34 圖35

　　這節動作主要為鬆弛脊椎肌肉和血脈，牽動任督兩脈，將氣引入後腰和雙腎，可疏通經絡，活血止痛，鬆解粘連，鬆弛關節。由雙肩大幅度的旋轉，使脊柱與胸骨等都得到活動，腹部隨之起伏，有助於通小周天，對於血液疾患、癌症、肩背勞損、植物神經功能紊亂都有補益，對全身各關節之骨質增生都起治療作用。

　　腰酸背痛已經變成全世界的共同問題了。整天操作電腦的上班族、必須站著服務客人的店員、奔波忙碌的業務員，每一個人都面臨到腰酸背痛的苦惱。由這個姿勢的鍛鍊，可增加肩部肌肉的柔軟度與關節的

靈活度，也可增強肌肉的強度和耐力，進而增進全身的氣血循環和緩解身心壓力。該動作也有助預防酸痛或幫助消除腰酸背痛，是治療腰酸背痛最主要的方法。

下面談談任、督兩脈問題。這兩個奇脈是人體中非常重要的脈絡，任脈是人體前面的主脈，為陰脈，以人體正下方雙腿間的會陰穴為起點，從身體正面沿著正中央往上到唇下承漿穴，這條經脈就是任脈；督脈則是後面為主的陽脈，由會陰穴（也有人說是長強穴）向後沿著脊椎往上走，到達頭頂再往前穿過兩眼之間，到達口腔上顎的齦交穴。任脈主血，督脈主氣，為人體經絡主脈。

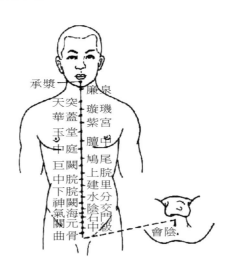

任脈循行線路圖

　　道教認為任、督二脈若通則百脈通，進而能改善體質，強筋健骨，促進循環。任、督二脈在中醫診脈與道家導引養生上相當重要，同時也因武俠小說裏渲染與誇張的描述，如可藉由武功高強之人打通自身的任、督二脈等，任、督二脈一旦被打通，武功即突飛猛進，故也成為一般人最為熟知的氣脈名稱。

　　武當道教推崇的道家導引養生的觀點，特別重視所謂通任、督兩脈，也稱為是通三關（尾閭、夾脊、玉枕）、行周天運轉之意。

　　道書《太平經》認為，人的壽命極限為上壽一百二十歲。只要以導引內丹的訓練，從「逆」的方向上奪天地之造化，凝練精、氣、神，提高生命品質，就可挑戰年壽極限。

　　所謂「逆」，是指督脈由會陰起經背脊三關而達頭頂百會，再由身前任脈而下丹田，此稱為周天。正好與上述醫家所提的經脈循行途徑相反。道家藉由小周天的行氣鍛鍊，將先天之精炁與後天之氣結合凝練成丹，而稱為藥，此即練精化氣，又為「初關」；然後再進入大周天練氣化神階段，稱之「中關」；最後再進入大定階段，達「上關」之練神還虛，而入道體。其中周天的運行以任、督兩脈為主，這種後升前降的機制，稱為升陽火而降陰符，即為打通任、督二脈。

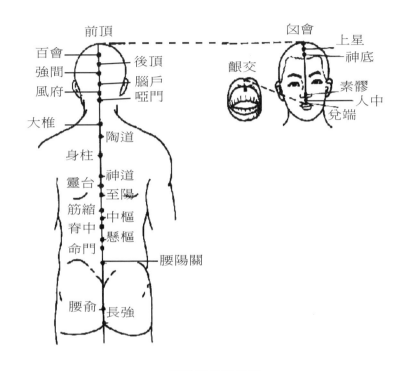

督脈循行路線圖

　　經書說「順成人，逆成仙」，即督脈上行而任脈下行。只要練法得要，行功者調動人體原氣，女子以練任脈為主，盈其血；男子以練督脈為主，盈其氣，並從調心、入靜著手，任、督兩脈氣機通暢。所謂性命雙修，就是這個道理。

　　人經過一段鍛鍊，達到通關後（尾閭、夾脊、玉枕），自然身體輕鬆愉快。通關後呼氣時熱流直下丹

田，吸氣時熱流沿脊而上過頭頂至口腔，形成任督循環（即「小周天」）。至此境界，凡患有頭暈、耳鳴、失眠健忘、性慾低下、月經不調、心悸氣短、精神恍惚等病證者，皆可明顯改善，長期堅持可望康復。無病者亦可致身輕體捷，精力充沛。

　　古人把天體的運行按方位分為365°，二十八宿。把北斗七星的斗柄沿二十八宿排列的軌道旋轉一周，稱為一個周天。日月沿此循行一周亦稱一周天。人身如同一個小天地，氣血環行周身一度也叫一周天。

第六式　敲上陰陽

　　右手握空拳，左臂伸直，用右手從左肩胛內側開始，向下順序擊打，一直到手心；從手心開始反轉，右拳繼續順手臂外側向上擊打，一直到肩部。循環共連續擊打 9 次。然後換手，左拳緊握，右臂伸直，從右肩胛開始，向下順序擊打，一直到手心；手掌翻轉，從右臂外側繼續向上擊打，一直到肩部。循環共連續擊打 9 次。（圖36～圖44）

　　兩手及兩手臂共有 6 條經絡通過，它們是心、心包、肺、大腸、小腸、三焦經，敲打雙手和雙臂能促進這 6 條經脈的運行。

口訣

上臂總掌六經脈，外陽內陰心肺牽，
右掌空拳準備好，左臂平直手伸展，
拳從肩胛陰經打，到掌翻轉陽經連，
循環九次為一側，換臂右側別偷懶。

圖36

圖37

圖38

圖39

圖40

圖41

圖42　　　　　　　　　圖43

圖44

　　這個動作主要是開始繼續做上三陰陽經絡和穴道的調整，由擊打穴道和經絡，疏通經絡，調整氣血，將心、肺、大腸、小腸等經絡調理疏通。注意擊打的順序是從三陰經到三陽經，即從手臂內側到外側。同時注意，手要空拳，用掌側邊穴位擊打手臂的穴位。因為手掌外側的穴位和手臂上的穴位是一種對應關係。由按摩可以促進穴位的疏通。

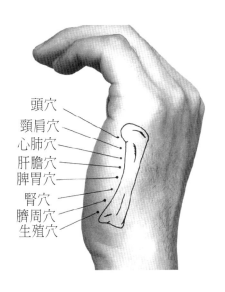

頭穴
頸肩穴
心肺穴
肝膽穴
脾胃穴
腎穴
臍周穴
生殖穴

手掌外側穴位圖

　　現在談一下經絡問題。《內經・經脈篇》中說：
經絡可以控制人體一切功能，具有「決死生，處百
病，調虛實」的作用。也就是說，生命之是否存在，
決定於經絡，疾病之所以發生，是由於經絡活動出了
問題，疾病之所以能得到治療，也由於經絡的作用，
十分肯定地強調了經絡在人體中的重要性。

　　先熟悉一下12經絡的名稱。

　　和手、上臂有關的 6 條經絡是：

　　手少陰心經、手厥陰心包經、手太陰肺經、手太
陽小腸經、手少陽三焦經、手陽明大腸經。

　　和足、腿有關的也是 6 條經絡：足少陰腎經、足厥陰肝經、足太陰脾經、足太陽膀胱經、足少陽膽經、足陽明胃經。

　　我們要搞清楚它們為什麼要這樣稱呼？

　　這12條經絡分別連著人體12個臟器，所以都是用相連的臟器命名。其中，三焦是指人的整個胸腹，心包是保護心臟的一塊區域，是心的屏障，其餘的都比較容易理解。記住這12個臟器名稱是很重要的，如果身上哪裡不舒服，就看是哪條經絡經過此地，一對應就出來了。

　　按陰陽分是告訴你手臂的內側、腿的內側各有 3 條陰經；手臂的外側、腿的外側也各有 3 條陽經。

　　那麼，這少陰、厥陰、太陰、太陽、少陽、陽明又是代表什麼呢？它們是代表陰氣的重與輕，陽氣的足與弱。

　　•少陰陰氣最重，所以它就排在手臂和腿內側的最裏面。

　　•厥陰的陰氣比少陰輕，但又比太陰重，所以它就排在中間。

　　•太陰的陰氣最輕，就排在最外面。

　　•太陽是陽氣最足的，就像中午的陽光，所以它排在手臂和腿外側的最外面。

　　•少陽比太陽的陽氣要弱一些，就像早晨八九點

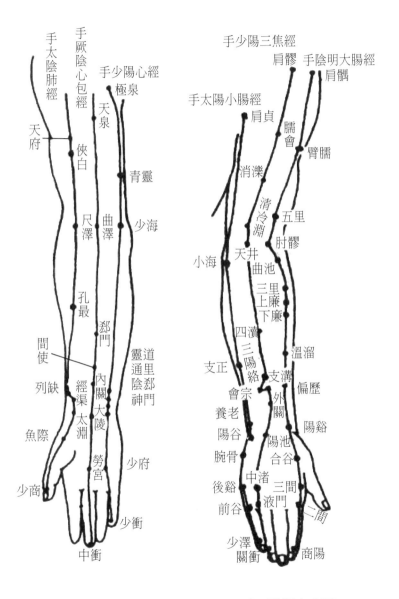

手三陰經走向圖　　　手三陽經走向圖

鐘的太陽，所以排在外側的中間。

　　●陽明又比少陽的陽氣要弱，就像黎明初現的陽光，就排在了外側最裏面了。

　　我們的祖先為什麼將陰、陽細分到這樣的程度呢？就是讓你在使用經絡時隨時注意陰陽的平衡。這個陰陽的平衡既包括經絡與經絡之間的陰陽平衡，也包括身體與經絡的陰陽平衡，還包括經絡與大自然的陰陽平衡。

　　身體與經絡的陰陽平衡是要你根據身體的強弱去選擇經絡。比如身體弱的，最好先選擇陽經按摩以補足正氣為主，陰經要等正氣補上了再去碰它；身體好的，則陰經、陽經都可以按摩。

　　我們進行敲打時注意先從三陰經即肺經、心包經和心經開始，然後接著敲打三陽經即小腸經、三焦經、大腸經。要注意經絡的走向，手三陰經是從胸沿臂內側走向手，手三陽經是從手沿臂外側走向頭。

第七式　梳理三焦

　　雙手放置在丹田處，用雙手分別握拳，從丹田兩側向上沿中心線開始擊打，一直到頜下，向兩側肩胛處擊打，然後向下沿外胸部向腹部順序擊打，一直到腹底部；繼續向中部從丹田向上，經過前胸繼續向上擊打，一直循環到肩胛→外胸→外腹部到丹田，反覆循環，共連續擊打 9 次。主要是調理胸部和腹部的所有器官和經絡。梳理氣淤和血淤，達到順氣、舒五臟六腑的目的。（圖45～圖49）

圖45

圖46

圖47

圖48

圖49

口訣

保持雙足平行站，調理三焦臟腑全，
緊握空拳走丹田，雙拳輕擊沿中線，
擊到肩胛分兩側，垂直向下腹底邊，
循環九次三焦轉，收式提氣回丹田。

這個動作主要是調通五臟六腑的經絡和氣血，防止氣滯，防止內臟器官病變。首先要瞭解通和痛的關係。一般痛都產生於淤，也就是氣血不通，結果經絡產生淤的現象，中醫叫氣滯。滯，病證名，指臟腑、經絡之氣阻滯不暢，嚴重的就產生腫瘤或癌變。

這種氣滯可因飲食或者受涼、邪氣所引起的病變，或者是因為精神上和心理上的問題所引起的七情鬱結，或者是體弱氣虛、血脈不通所致，隨所滯之處而出現不同症狀。

氣滯於脾則胃納減少，脹滿疼痛；氣滯於肝則肝氣橫逆，脇痛易怒；氣滯於肺則肺氣不清，痰多喘咳，氣滯於經絡，則該經循行路線相關部位疼痛或運動障礙，並產生相應的症狀。氣滯過甚可致血淤。氣滯血淤體質的形成有一個較長的過程，與情緒、飲食、年齡、環境、疾病等諸多因素有關。

中醫提出「氣滯血淤，百病叢生」的觀點，是有實踐基礎的。醫學研究證實，微循環淤阻，是許多疾

病的發病基礎，也是慢性病久治不愈的原因之一，所以又有「久病必有淤」的說法。

我們談到內臟，主要指人的「五臟六腑」。五臟六腑是中國人用了幾千年的一個名詞，就是指人體內的主要器官。中國人把人體內部的主要器官分為「臟」和「腑」兩個大類。「臟」是指實心或有機構的器官，有心、肝、脾、肺、腎五個臟。「腑」是指空心的容器，有小腸、膽、胃、大腸、膀胱等五個腑，另外將人體的胸腔和腹腔合併起來是第六個腑，稱為三焦。

三焦有什麼功能呢？它就像是一場婚禮的司儀、一台晚會的導演、一個協會的秘書長、一個工程的總指揮。它使得各個臟腑間能夠相互合作，步調一致，同心同德地去為身體服務。對於它的具體形狀，從古至今就爭論不休，現代有的醫家把它等同於淋巴系統、內分泌系統以及組織間隙、微循環等。但這些都不能涵蓋三焦實際的功用。

三焦也是人體六腑之一。三焦不是一個獨立的器官，而是指人體部位的劃分，即橫膈以上為上焦，包括心、肺；橫膈以下到臍為中焦，包括肝、脾與胃；臍以下為下焦，包括腎、大小腸、膀胱等。

三焦除了運行元氣、水穀與水液的功能外，上、中、下三焦還有各自的功能特點：

上焦如霧：

根據三焦部位畫分，上焦主要指胸中，包括心、肺二臟。心主血，推動血液運行於全身。肺主氣，主宣發肅降，將水穀精氣布散於全身。因此，所謂「如霧」，是形容上焦心、肺敷布氣血，猶如霧露彌漫之狀，有灌溉並溫養全身臟腑組織的作用。

中焦如漚：

「漚」即是飲食水穀腐熟時的泡沫浮游狀態。中焦主要指上腹部，包括脾、胃及肝、膽等內臟。胃主腐熟，脾主運化，肝膽主疏泄，並分泌、排泄膽汁以助消化。因此，中焦具有消化、吸收並轉輸水穀精微和化生氣血的功能。

下焦如瀆：

「瀆」指溝渠。下焦主分別清濁、排泄尿液與大便，其具有向下、向外排泄的特點，故稱「下焦如瀆」。

三焦的生理功能主要是人體的氣化作用與水穀的運行通路。這些生理功能，實際上是肺臟宣發衛氣、散佈津液、脾胃運化、腎與膀胱調節水液和排泄尿液等幾個臟腑生理功能的綜合，而不是指單一臟腑的功能。

中國古代名醫張仲景被後人尊稱為「藥聖」，他在其醫藥著述中明確提出人體「三焦不通，百病叢

生」的理論。

上焦病症：

溫病由口鼻而入，鼻通於肺，故溫病開始即出現肺衛受邪的症狀。上焦病證的臨床表現為發熱、微惡風寒、自汗、口渴或不渴而咳等。

中焦病症：

溫病順傳到中焦，則見脾胃之證。中焦病證的臨床表現為陽明燥熱，則面紅目赤、發熱、呼吸俱粗、便秘腹痛、口乾咽燥、唇裂舌焦、苔黃或焦黑、脈沉實；太陰濕熱，則面色淡黃、頭脹身重、胸悶不饑、身熱不揚、小便不利、大便不爽等。

下焦病症：

溫邪深入下焦，多為肝、腎陰傷之證。臨床表現為身熱面赤、手足心熱甚於手背、口幹、舌燥、神倦耳聾、神倦脈虛等。

所以調理三焦是非常重要的養生手段。由疏通三焦的經絡，調整三焦的氣血通路，讓三焦中的器官舒展和協調。通俗一點說三焦，人體裏的內臟都要有個家，於是，身體裏就有一棟三層的「樓房」，三樓住著心和肺（上焦），二樓住著肝、脾和胃（中焦），一樓住著腎和腸（下焦）。他們就像小朋友一樣，住在樓下的，有時候到樓上找人玩玩，住在樓上的也要下來找人玩玩（心腎相交，上下交通）。那麼怎麼

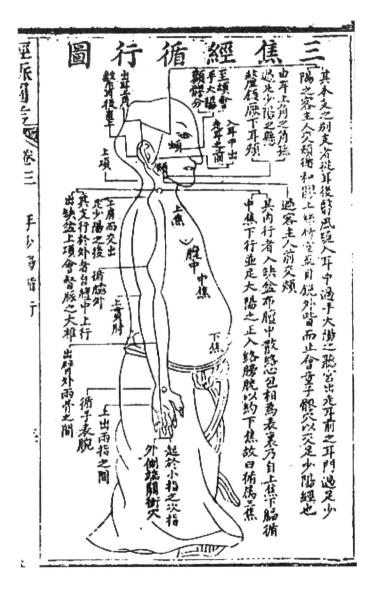

三焦經循行圖

去呢，就要有樓梯了，這三層樓的樓梯，就是三焦經了。如果樓梯堵塞了，樓上樓下的小朋友就不能互相來玩了。我們敲三焦經，就是要清理樓梯上的垃圾，讓樓梯重新恢復暢通，那麼住在那裏的「小朋友」就高興了，我們的身體也就沒病了。

這節的三焦梳理導引是非常重要的環節，透過三焦梳理敲打按摩，對於胸部的保健，女性的乳部腫快和消淤，五臟六腑的氣滯和血淤，增強腸胃部的蠕動和消化功能，防止內臟的腫瘤和癌變，有非常有用的效果和保健作用。

臟和腑除了在性質上有很大的差異之外，其經絡的位置也有很大的不同。

所有臟的經絡都在手臂和腿部的內側以及身體的前側。所有腑的經絡則在手臂和腿部的外側以及身體的背面。

當人體面臨危險時，會本能地屈起身軀，所有臟的經絡都在身體的內側，受到了非常好的保護，只有腑的經絡暴露在外。相較之下，臟的重要性遠比腑重要，如果人的身體真的是造物主所設計，這樣的安排是非常合理而高明的。中國人的這種「臟」和「腑」的分類方法，具備了極高的觀察力和智慧。

第八式 敲下陰陽

　　雙手握空拳，用雙拳從丹田開始，從腹底部向胯骨兩側擊打，然後從上到下，從大腿向小腿下部依次擊打陽部穴位，到腳外側後，繼續沿著腳面部擊打到腳內側，然後繼續向上，沿小腿到大腿向上擊打，依次擊打陰部穴血，一直到腹部和丹田，此為一周。一共重複9次。（圖50～圖57）

圖50

圖51

圖52

圖53

圖54

圖55

圖56　　　　　　　　　　　圖57

口訣

保持雙足平行站，放鬆調理下陰陽，
緊握空拳準備好，雙擊丹田向外展，
從上到下擊外側，大腿向下到腳面，
內側從下向上走，回到丹田穴道旋。

我們已經知道與足和腿有關的也是 6 條經絡。

按陰陽分，腿的內側各有 3 條陰經：足少陰腎
經、足厥陰肝經、足太陰脾經。它們的循行方向均由
足部經過下肢內側、腹部抵止於胸部。

腿的外側也各有3條陽經：足陽明胃經，足太陽

膀胱經、足少陽膽經。它們的循行方向均由頭部經過
軀幹部、下肢外側抵止於足部。

大家記住：足三陽經是從腹沿腿外側走向足，足
三陰經是從足沿腿內側走向腹。我們這節的導引術就
是根據經絡運行方向先陽經後陰經進行導引和擊打
的。

我們應該重視腿部的經絡按摩。大家應該知道，
腿腳部位是人體相當脆弱的部位，而且腿腳部位的生
理狀況對人體全身的影響又最大。根據經絡學說，人
體老化是從腿部開始的，腿是人體健康的根源之一。
由對腿部各部位的敲打，達到按摩作用，活躍人體經
絡，調節五臟六腑的陰陽平衡，從而達到強身健體、
恢復青春活力的目的。

由對人體腿部和腳部的有效按摩，促進血液循
環，排出體內的毒素和廢物，能夠消除疲勞，舒解壓
力，放鬆神經，使人的體質得到明顯改善，身體更加
健康。

我們擊打的方向和足經絡走向一樣。

注意，如果我們堅持每天擊打腿部的穴道，能改
善下肢血液循環，具有疏經活絡、散淤止痛的作用。
對胃部、腎部和肝部都有順氣和調理的作用，還可防
止下肢靜脈曲張、肌肉萎縮和痙攣，並可恢復腿部疲
勞。

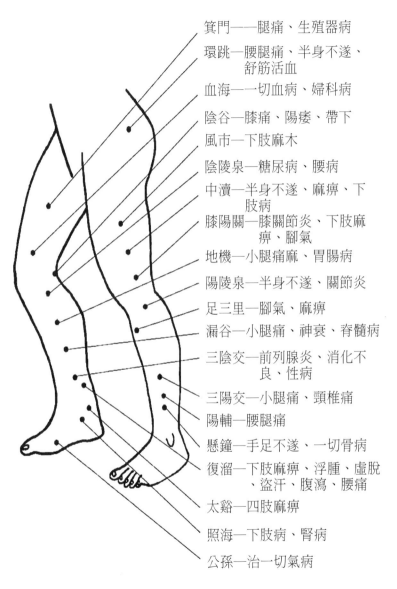

箕門——腿痛、生殖器病

環跳—腰腿痛、半身不遂、
　　　舒筋活血

血海——一切血病、婦科病

陰谷—膝痛、陽痿、帶下

風市—下肢麻木

陰陵泉—糖尿病、腰病

中瀆—半身不遂、麻痹、下
　　　肢病

膝陽關—膝關節炎、下肢麻
　　　痹、腳氣

地機—小腿痛麻、胃腸病

陽陵泉—半身不遂、關節炎

足三里—腳氣、麻痹

漏谷—小腿痛、神衰、脊髓病

三陰交—前列腺炎、消化不
　　　良、性病

三陽交—小腿痛、頸椎痛

陽輔—腰腿痛

懸鐘—手足不遂、一切骨病

復溜—下肢麻痹、浮腫、虛脫
　　　、盜汗、腹瀉、腰痛

太谿—四肢麻痹

照海—下肢病、腎病

公孫—治一切氣病

腿部側面穴位圖

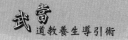
第九式　坎離互動

　　雙腳繼續保持與肩同寬，肩部放鬆，雙手平放、放鬆，然後用腰部帶動雙臂，用左手掌向前擊打右肩胛的下側胸部，右手背向後擊打後背的左腎部。然後用腰部力量帶動雙臂回轉，用右手掌向前擊打左肩胛下部的胸部，左手背向後擊打後背的右腎部。這樣循環前後顛倒擊打，稱為坎離互動。坎、離為易經八卦的兩個穴位，與人體的心、肺位置相對。一共擊打36次。每一左右來回循環為一次。（圖58～圖62）

圖58

圖59

圖60

圖61

圖62

口訣

保持雙足平行站，放鬆雙臂伸平展，
用腰帶動雙臂動，左掌向前右胸掂，
右臂同將腎處走，常把心肺和腎旋，
換臂交叉為一次，坎離互動心肺寬。

　　這個動作主要是調節心和肺部的功能，對防止冠心病，提高肺部的呼吸和擴張功能，都有非常重要的調節功能，同時由腰部運動和對腎部的敲打，對腎部和腰部有疏通、調節和補氣功能。

　　胸部是生活中時刻都在運動著的體部。胸腔內容納著許多重要器官，兩側胸膜囊包著肺，中間的心包裹包著心臟。

　　肺是機體和外界進行氣體交換的場所，呼吸時肺擴張和回縮相當於肺容積的增加和縮小。心臟是循環系統的機能中心器官，它的節律性收縮起著泵的作用，推動著人體的血液循環。由按摩心肺功能，可以提高心肺的活動能力，防止冠心病和肺呼吸困難的疾病。還對心肌缺血、心包炎、胰腺性痛、胸膜炎、肺不張、氣胸等有梳理和調整作用。

五行與五臟的對應關係：

　　陰陽五行學說起源於數千年前。天地是一個大宇

宙，人體是一個小宇宙，木、火、土、金、水構成了宇宙的五行，肝、心、脾、肺、腎構成了人體中的五行，它們相互對立、相互聯繫、相互適應。五行平衡相通，自然界風調雨順，五臟衡通，人體才會健康長壽。如果我們不保護好我們的五臟，在它受到影響和損害的時候不及時補救，就會產生各種疾病，影響到人體的健康，甚至危及生命安全。

當我們產生某一種疾病時，若不考慮導致疾病的病因，而僅僅著眼於表面症狀，就會導致疾病的加重和臟器的損傷。

人生活在自然界中，人與自然密不可分，是自然界的一個有機的組成部分。自然界的變化會直接或間接地影響人體，引起機體對應性的反應。自然界中有陰陽五行，人體也有陰陽五行，並與自然界的陰陽五行相互對應、相輔相成。

人為小天地，天地之五行即人身體的五行。人身之五臟五行為肺金、心火、肝木、腎水、脾土。五行為人體五臟之能的五種活動現象。

肝主藏血：

肝喜條達，有疏泄的功能，有「木」生發的特性，故以肝屬「木」。

肝藏血、合膽；惡風。肝臟不好，人面色發青。

肝具有調節血液的功能，血液榮枯可以在人體爪甲間得到反映。肝還開竅於目，肝血充足，視力就可充沛。自古就有濕傷脾、怒傷肝之說。長期脾氣暴躁易怒的人，則易患肝臟惡性腫瘤。

心主神明：

心陽有溫煦的作用，有「火」陽熱的特性，故以心屬「火」。

心主神明、主血脈、合小腸；惡熱，是人體生命活動的樞紐。心臟不好，人面色赤熱。

心火過大則舌尖潰爛，宜食用蓮子芯、苦瓜等敗除心火。長期久視必傷心血。心臟病人切忌大喜，曾有多人因偶遇喜事而狂喜大笑致死的案例。

脾主運化：

脾為生化之源，有「土」生化萬物的特性，故以脾屬「土」。

脾統血，主運化，合胃；惡濕。脾胃不好，人面色發黃。

脾之榮在唇，有無脾病，可以從病患者口唇得到反映。正常者紅潤豐滿，脾運失調者口唇必然蒼白少華。長期脾胃不和，則人缺乏營養，四肢倦怠，易口唇潰瘍。有些人食慾很好、食量很大，但所食之物不

見身體吸收，依然瘦骨如柴，就是脾胃消化不良，藏不住營養所致。

肺主氣：

肺氣主肅降，有「金」清肅、收斂的特性，故以肺屬「金」。

肺主氣，合大腸，榮於皮毛；惡寒。肺氣不足，人面色蒼白。

皮膚受外界冷熱刺激就會收縮或鬆弛，因此肺氣虛者易受外界寒冷天氣影響，致使皮表受寒生病，出現氣喘、鼻塞、咳嗽等症狀。人不可久臥，因為久臥傷氣，人會感覺「一點兒力氣都沒有了」。

腎主命門：

腎有主水、藏精的功能，有「水」潤下的特性，故以腎屬「水」。

腎藏精，主骨髓，合三焦、膀胱；惡燥。腎精不足，人面色發黑。

常言道，人體宜「少鹽多醋」，鹽過量則腎氣不足，體現在頭髮早白、脫髮等。

以下簡單講解一下五行的相生與相尅關係。

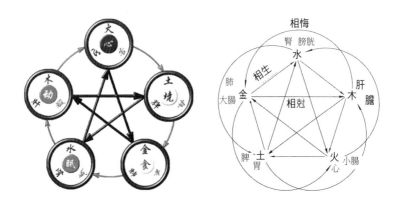

五行與五臟關係圖

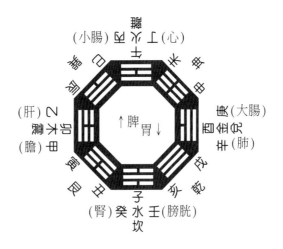

八卦和五臟關係圖

依據《素問・陰陽應象大論》和《素問・金匱真言論》兩篇對五行歸類的論述，詳細選材擇要綜合列表如下：

五行、五臟、五官、五體、五味、五色、五志對應表

五行	木	火	土	金	水
五臟	肝	心	脾	肺	腎
六腑	膽	小腸	胃	大腸	膀胱
五官	眼（目）	舌	唇（口）	鼻	耳
五體	筋	血脈	肉	皮毛	骨（髓）
五味	酸	苦	甘	辛	鹹
五色	青	赤	黃	白	黑
五志	怒	喜	思	憂、悲	恐、驚
五華	爪	面	唇四白	毛	髮

《黃帝內經》界、象及其他

五行	木	火	土	金	水
五臟	肝	心	脾	肺	腎
六腑	膽	小腸	胃	大腸	膀胱
藏	肝藏血	心藏脈	脾藏營	肺藏氣	腎藏精
傷	怒傷肝	喜傷心	思傷脾	憂傷肺	恐傷腎
五臟所惡	肝惡風	心惡熱	脾惡濕	肺惡寒	腎惡燥
五味所入	酸入肝	苦入心	甘入脾	辛入肺	鹹入腎
五味所走	酸走筋	鹹走血	甘走肉	辛走氣	苦走骨
	多食之，令人癃（手足不靈活）	多食之，令人渴（口渴）	多食之，令人悗心（煩惱）	多食之，令人洞心（心中空虛）	多食之，令人變嘔（嘔吐）

五行相生關係：

木生火

木多火才能旺，所以木生火。如果肝的功能陰陽失調，必會影響到心的循環出現障礙。如：肝陰虛導致的失眠就會容易驚醒，而醒後的表現就會心慌，有很多人就會錯誤地認為是心臟病，實際上根源在於肝臟。

火生土

火燃燒會化成土，所以火是生土的。而心的陰陽出現失衡時，也會影響到脾的功能。如：心陽虛的少氣懶言、面白，就會影響到脾胃，形成脾胃不和的乏力、手腳涼、面黃白，實際上是由於心臟的動力不足所致。

土生金

金屬是從土中開採出來，所以土是生金的。如果由於脾胃濕熱而貪食或喜歡吃生冷、辛辣等刺激性食物，必會導致肺不主皮毛而生粉刺、痤瘡等皮膚病。

金生水

金屬化了就會變成水，所以說金生水。當肺陰虛時，人會出現咽乾、口渴、皮膚乾燥、腸乾燥等一些虛熱的表現，這時也就會影響到腎，出現一些腎陰虛的表現，如：舌乾裂、五心煩熱、失眠、注意力不集

中等腎的虛熱表現。

水生木

樹木的生長主要是靠水的滋潤，所以說木不能離開水。當人出現手心、腳心、心裏煩躁等一些腎陰虛的表現時，也必然會出現一些肝陽亢的表現，如：性情急躁、脾氣暴躁、多動、少寐等。

五行相尅關係：

木尅土

木只有破土才能生長，所以說木是尅土的。例如我們生活中常見的肝陽亢型經常會生氣，而生完氣後有一種人沒有胃口，什麼都不想吃；還有一種人卻大開胃口，而特別能吃，中醫理論認為是肝氣犯胃。所以有很多人的胃病是由於肝的陰陽失衡所致，有經驗的醫生在治療脾胃病時是先從調理肝的功能入手的。

土尅水

古時有話說「兵來將擋，水來土掩」，只有沙土才能制服水。所以，脾胃不和的人會影響到腎臟出現運化功能失職而導致水腫等一系列腎病。

水尅火

水能把火撲滅的道理誰都知道。如果人腎陰虛，就會很容易導致心不主神志的心腎不交型失眠等心腦血管疾病。

火尅金

只有火才能把金屬融化，後鍛造成刀劍、首飾。所以火是尅金的。平時我們會注意到一些人由於心火過旺、急性上火，臉上就會長疙瘩，這是因為心火過旺尅了肺金所致。

金尅木

樹木需要金屬器械來砍伐，後又需要鋸刨的雕刻才能成為人們所能用的桌椅、傢俱，所以只有金屬才能尅木。例如肺陰虛的人皮膚就會瘙癢、過敏，同時也會影響到人的情緒不穩定，出現煩躁易怒等肝陽亢的表現。

一個人的內臟功能正常、平衡，就是五臟之和，可以氣通九竅。

第十式　氣補乾坤

　　雙腳繼續保持與肩同寬，肩部放鬆，雙手平放空掌狀。然後用腰部帶動雙臂，用左手掌向前擊打腹部的丹田，右手背向後擊打後背的命門穴。然後用腰部力量帶動雙臂回轉，用右手掌向前擊打丹田，左手背向後擊打後背的命門穴。這樣循環前後顛倒擊打，稱為乾坤互動，一共擊打36次。每一前後左右循環為一次。（圖63～圖68）

圖63

圖64

圖65

圖66

圖67

圖68

口訣

保持雙足平行站，放鬆雙臂垂平展，
用腰帶動雙臂動，左掌擊打到丹田，
右臂在腰帶動下，掌背向後到命門，
乾坤是為命中火，結丹補氣旺長遠。

注意動作要點：

開始擊打時，力量一定要輕，幅度要小，撞的時候全身放鬆，不要憋氣，不要繃緊肌肉。也可以邊走邊擊打，呼吸自然而悠閒。

「丹田」是人體的發力點，如果你覺得「心有餘而力不足」「有勁使不出」「心神不定，魂不守舍」或者「體力透支，難以積蓄」，用擊打丹田和命門的方法，一定會將內氣補足。

也有人這樣比喻：

丹田和命門是生命的根本，是生命之母，也稱為是人體的乾和坤。捍衛命門，堅守丹田，讓身體總有使不完的勁。

人的一切能量都來源於腎的陽氣，也就是中醫說的命門之火，這是人生命的火種。道家講意守丹田，守的就是這個火種，就是想讓它燒得旺一點。

丹田和命門的位置和作用是什麼？

丹田原是道教內丹派修煉精氣神的術語，現在已

被各派氣功廣為引用。丹田有上丹田、中丹田和下丹田。上丹田叫「泥丸」，在頭頂百會穴，有的說在兩眉間印堂穴，實際是在百會穴和印堂穴的垂直交叉處。中丹田叫「絳宮」，在胸部膻中穴和百會處的交叉處。下丹田在臍下小腹部相當大的一塊體積，也是百會穴和關元穴的垂直交匯處。

古人稱人體有三寶，為精、氣、神，視丹田為貯藏精氣神的所在，因此很重視丹田的意義，把它看做是「性命之根本」。

我們知道，意守是練功人將意念集中和保持在自身某一部位或某一事物上，以幫助意識進入氣功入靜狀態，並在此基礎上發揮意識能動性，主動感知和調整自身功能活動，來達到良好效果的練功方法與過程。意守丹田，是練功人將意念集中並保持在丹田部位的練功方法，是眾多意守方法中的一種。

更確切地講，這種方法屬於意守自身部位類中的意守穴位法。但實際練功時，人們是無法將意念僅僅守在一個穴位上，只能意守在以穴位為中心的一個範圍內。因此，將丹田理解為這樣一個範圍更合適些。

古人認為下丹田和人體生命活動的關係最為密切，是「性命之祖」「生氣之源」「五臟六腑之本」「十二經之根」「陰陽之會」「呼吸之門」「水火交會之鄉」，是真氣升降開合的樞紐，是彙集烹煉、儲

存真氣的重要部位。

武當道教主張意守下丹田。因為這個部位對人體生命活動的關係最為密切，它位於人體中心，是任脈、督脈、沖脈三脈經氣運行的起點，十二經脈也都是直接或間接通過丹田而輸入本經，再轉入本臟。下丹田是真氣升降、開合的基地，也是男子藏精、女子養胎的地方。《難經》認為，下丹田是「性命之祖，生氣之源，五臟六腑之本，十二經脈之根，陰陽之會，呼吸之門，水火交會之鄉」。

人的元氣發源於腎，藏於丹田，借三焦之道周流全身，以推動五臟六腑的功能活動。人體的強弱、生死存亡，全賴丹田元氣之盛衰。所以養生家都非常重視保養丹田元氣。

丹田元氣充實旺盛，就可以調動人體潛力，使真氣能在全身循環運行。意守丹田，就可以調節陰陽，溝通心腎，使真氣充實暢通八脈，恢復先天之生理機能，促進身體的健康長壽。

命門，是指人體後邊與丹田對稱的穴位，也稱人體生命的根本。武當派認為命門是人身陽氣的根本，是生命活動的動力，對男子所藏生殖之精和女子胞宮的生殖功能有重要影響，對各臟腑的生理活動起著溫煦、激發和推動作用，對飲食物的消化、吸收與運輸以及水液代謝等都具有促進作用。

命門穴的位置，在第二腰椎與第三腰椎棘突之間。命門也指藏真火，故而又稱之為命門火。

中醫講命門火衰主要表現為四肢清冷、男子陽痿、早洩、腰痛、腎臟疾病、夜啼哭、精力減退、疲勞感、老人斑、青春痘，女子宮寒不孕、舌質淡，脈沉遲等虛寒之象。

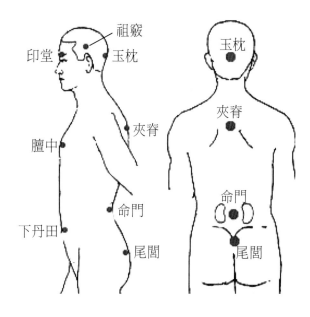

命門位置圖

談談身體上的氣。氣，古稱「炁」，是我國古代先賢對傳統文化認知的產物。它被廣泛地運用到天文、地理、中醫、氣功等諸多學科。「氣聚則成形，

氣散則渺茫」，這是「氣」的文化理論對於世間物質生滅的整體概括。

氣，也是氣功學的理論基礎和實踐的核心內容。人體之氣，根據其所在部位和所起作用的不同，主要有受之於父母而與生俱來的「先天之氣」、呼吸之氣與飲食精微混合而成的「後天之氣」，以及調節人體陰陽變化的「臟腑之氣」等等。「先天之氣」，就是人體的「元氣」，它是人體生命的原動力，它對人體的生長發育和益壽延年起著決定性作用。「元氣」是氣功修煉的主體。故此，《金丹四百字》中說：「煉氣者，煉元氣，非口鼻呼吸之氣。」這指明了氣功修煉的根本所在。

人體的元氣，包括元陰之氣和元陽之氣兩部分。它是由人體的先天之精所化生的，依靠後天水穀中的營養不斷滋生壯大。元氣發源於腎（包括命門），藏於人體臍下的下丹田。元氣借助於人體三焦的經絡通道疏布於人體各處的組織器官，推動著五臟六腑生理活動的正常運轉。元氣是人體生命活力的原動力，是人體中諸氣的源泉。諸如在臨床中常見的中氣不足、心氣虛弱等病症，歸根結底都是因為其元氣虛虧，從而造成諸氣傷損，極易生發各種病症。

第十一式　元氣入海

　　雙腳繼續保持與肩同寬，肩部放鬆，這時雙手已經很熱。將雙手放置在腰部的雙腎處。起用意念，將雙手的熱氣補給雙腎，持續2～3分鐘。然後用雙手按住雙腎，向前左轉腰 9 次，再向前右轉 9 次。最後用雙手揉腎部36次。此時你的手上的熱氣已經融入腎部。（圖69～圖72）

圖69

圖70

圖71　　　　　　　　　　圖72

口訣

保持雙足平行站，雙手熱氣按腰間，
心想熱氣入腎海，火氣從外向裏竄，
停頓片刻腎已熱，雙手按腰再畫圈，
再將雙手揉雙腎，腎氣充足神形滿。

　　腎，俗稱「腰子」，是人體內重要的臟器。腰為
腎之府，位於腹後壁腰椎兩側。道家認為，腎為「先
天之本」「生命之源」。其生理功能是藏精、主水、
主納氣、主骨、生髓，跟人的骨骼血液、皮膚乃至牙
齒、耳朵都有莫大的關係。

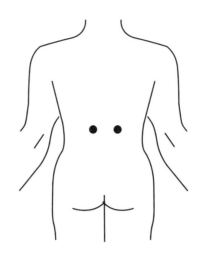

腎臟位置圖

　　腎藏精，是指腎臟具有儲藏精氣，與人體生長發育和生殖能力相關的功能。精是構成人體的原始物質，也是人體各種機能活動的物質基礎。腎所藏之精，從其來源來說，有先天之精和後天之精兩部分。先天之精，稟受於父母，與生俱來，是生育繁殖，構成人體生命的原始物質。

　　精能化氣，腎精所化之氣，稱為「腎氣」。腎的精氣盛衰，關係到人的生殖和生長發育的能力。人從幼年開始，腎的精氣逐漸充盛，有齒更髮長等變化。發育到青春時期，腎的精氣充盛，產生了一種「天癸」物質，於是男子就能排出精液，女子就開始按期

來月經，性機能逐漸成熟，而有生殖能力。待到老年，腎的精氣漸衰，性機能和生殖能力隨之減退而消失，形體也就逐漸衰老。

「腎虛」分為「腎陰虛」和「腎陽虛」。

「腎陰」亦稱「真陰」「元陰」「腎水」，指腎臟的陰精。腎陰有滋養臟腑的作用，為人體陰液的根本。《景岳全書》稱：「五臟之陰氣，非此不能滋。」腎陰虛的症狀為：五心煩熱、口乾舌燥、睡眠不好，舌質紅，舌苔少，脈細數。

腎陽亦稱「真陽」「元陽」「命門之火」，指腎臟的陽氣。腎陽有溫養腑臟的作用，為人體陽氣的根本。腎陽與腎陰相互依存，兩者結合，以維持人體的生理功能和生命活動。

腎陽虛的症狀為：肢寒、怕冷、面色蒼白、陽痿、早洩、舌質淡，舌苔薄，脈遲緩等。

腎主水，是指腎臟具有主管全身水液代謝、調節體內水液平衡的功能。人體內的水液代謝，是由肺、脾、三焦、腎等臟腑共同完成的，但腎的氣化功能起著主宰作用。特別是尿液的生成和排泄，與腎中精氣的蒸騰氣化直接相關。若「腎主水液」的功能發生障礙，可引起多種病理變化。可見，腎臟主水功能對維持機體健康是很重要的。

腎主納氣，對人體的呼吸運動有重要意義。只有

腎氣充沛，攝納正常，才能使肺的氣道通暢，呼吸均勻。如果久病咳喘，勞傷肺腎之氣以致腎虛、根本不固、腎失攝納、吸入之氣不能歸納於腎，就會出現呼吸困難、呼多吸少、短氣、動則喘甚等病變。

　　這節導引術對腎的保養非常重要。

第十二式 跐足抖翅

　　全身放鬆，排除雜念，眼睛微閉，兩手自然下垂，手心向裏，然後兩腿稍用力，腳尖用力，形成跐腳，用腳部力量帶動腿部力量，速度適中地進行上下顫抖。（圖73～圖75）

圖73

圖74

圖75

　　血壓高的人，可以將手平放，手心向下，兩手和
全身跟隨腿的顫動而抖動。主要是放鬆筋骨，將各關
節和穴道放鬆，鬆弛全身肌肉，活動全身關節，疏通
經絡血脈，消除緊張情緒和解除疲勞。順其自然，人
與大自然融合。

　　但是注意，練功不要在風口、陰天和下雨時進
行。最好是能保持一定的頻率，快了有好處，也有弊
端，有時還容易引發自發動。一般進行3分鐘左右。

口訣

保持雙足併攏站，全身放鬆意丹田，

排除雜念心要靜，雙手垂直放兩邊，

全身放鬆做顫抖，自然呼吸態依然，
天地融合通大道，消除疲勞精神現。

　　古代醫聖華佗對吳普說：「人的身體需要活動，
只是活動不宜太劇烈。」人的身體經常搖動，積滯之
氣就會消除，於是血脈流暢，百病不生。他一直宣導
導引，使身體精力旺盛，濁氣得消，心神舒暢，以樂
卻災，從而達到健身益壽的目的。

　　古人說過：「百練不如一走，百走不如一抖。」
也有說：「一日抖三抖，能活九十九。」這個鬆筋抖
翅也是武當道教傳統的鍛鍊方法之一。特別是用踮腳
動作，可以鍛鍊人的腳部和腿部肌肉。「樹老根先
竭，人老腳先衰」。人久坐或久站後，都會感到下肢
酸脹，上了些年紀更容易發生下肢靜脈曲張，這是下
肢血液回流不暢所致。

　　人的腿部肌肉發達，肌肉中又有大量血管，在上
下踮腳時，腿部肌肉就會一緊一鬆。當肌肉放鬆時，
來自心臟的動脈血液會增加向肌肉的灌注量；當肌肉
收緊時，會擠壓血管加快靜脈血液回流心臟，從而促
進血液循環。據測定，踮起腳尖時，雙側小腿後部肌
肉每次收縮時擠壓出的血液量，大致相當於心臟脈搏
排血量。

　　抖動時從容和緩，不急不躁，不需要什麼場所和

空間。此時呼吸要求自然，但最好是用鼻孔吸氣，用嘴呼出濁氣。呼氣時盡力收縮小腹，嘴唇噘成圓形。雙膝微微上下抖動，帶動全身，一般要2～3分鐘，收住後做腹式呼吸15～20次。此動作還可以減肥，可以令全身放鬆，心情舒暢，對神經衰弱、頭暈、頭脹等症狀也有改善作用。

第十三式　築基固丹

　　此動作的要領就是提肛收腹。雙腳繼續保持與肩同寬，肩部放鬆，雙手重疊，男士左手在下，女士右手在下，按在丹田處。丹田好比大海，經絡好比江河，丹田氣足了，經絡裏面永遠會有氣流動，氣會順著經絡在全身循環。

　　收小腹，將肛門向上提，保持一段時間，最好是長於3分鐘，或者數自己的呼吸數，一般要超過60次。注意，此時應該用鼻子呼吸，即鼻吸和鼻呼，舌頂上腭，嘴不要張開。

　　在完成這個動作以後，繼續進行提肛運動，此時呼吸自然，全身放鬆，只是主動地、有意識而規律地收縮肛門及會陰部的肌肉。提肛運動在道教中又叫「收穀道」，古人又稱之「提肛功」。

提肛運動的方法：

　　全身放鬆，大腿用力夾緊，配合吸氣，舌舐上腭，同時向上提收肛門，像忍大便的樣子。提肛後稍閉一下氣不呼，然後配合呼氣，全身放鬆，一提一鬆

為一次。也可以不配合呼吸隨意收縮。以不感疲乏為宜，每遍練30次，養成習慣，但關鍵在於持之以恆。（圖76、圖77）

圖76　　　　　　　　　圖77

口訣

保持雙足平行站，雙手重疊按丹田，
收腹提肛鼻呼吸，丹田充氣穴溫暖，
築基固元靜重要，每天堅持生藥丹，
然後再將肛門提，百疾全消病不沾。

經過前面各項運動，身體的經絡基本上通暢了，特別是任、督二脈已經打通，這時最重要的一步是築基。基是什麼，實際就是人的元氣和丹田氣。我們

說，任、督二脈不通，真氣就難以發揮作用，如果能打通任、督二脈，可使百脈皆通，從而為進一步煉丹創造必要的條件。

武當道派主張內丹修煉方法。道教內丹修煉的起步便為築基。如同修房建閣，必先奠基，基礎穩定，結構紮實，然後才能豎柱立樑，砌磚蓋瓦。這些基本理論都來自武當祖庭三豐祖師。張三豐內丹學說的特點就是重視「築基培元」。

「築基」，就是築丹基，即在開始煉丹之前做好準備工作，如同建房子之前須打地基一樣；

「培元」，就是由內在心性的調理，使耗損的元氣得到培補。

張三豐的築基培元思想主要包括三個方面的內容，即補虧、倫理實踐與煉己。因為築基的內容包括了煉己，所以道教界經常把這兩個術語聯繫在一起，稱之為築基煉己。

築基要求人的心靜，要用收心、存心、內視、入靜、調神、調息和調精七個步驟完成築基修煉。這一定要堅持。在完成築基之後，煉丹就可以開始了。武當道教的煉丹強調三花聚頂，分為三步：

第一步，煉精化炁；

第二步，煉炁化神；

第三步，煉神還虛。

《金丹四百字序》說：「以精化為氣，以氣化為神，以神化為虛，故名曰『三花聚頂』。」

練功時雙目微閉，含光內視，眼觀鼻，鼻觀心，心觀丹田（指下丹田）。觀丹田者，觀丹田之炁是也。所以微閉者，睜開容易滋生雜念，全閉容易昏沉入睡，皆於養炁不利。微閉時眼皮自然下垂，以看到眼前之物而又不能辨清為度。

兩耳須摒卻外界一切干擾，如入萬籟俱寂之境，凝韻聽息。《莊子》云：「無聽之以耳，而聽之以心；無聽之以心，而聽之以炁。」此即「莊子聽息法」。要求兩耳返聽於內，聽其呼吸出入。呼吸本求無聲，所以聽息者，是求其絕利一源，專心養炁。

煉精化氣；煉氣化神；煉神還虛；還虛合道。固根培本，養人身三寶，充人精神，發人智慧，使之能為人所不能，能及人皆莫及。

道家內丹術掌握了人身三寶「精、氣、神」自然變化的規律，修之煉之，而達到養身、長生之修煉方法。歸納起來分為四個階段：築基；煉精化氣；煉氣化神；煉神還虛。

完成提肛收腹之後，要主動地、有意識而規律地收縮肛門及會陰部的肌肉，以達到防病健身目的。做提肛運動時肛門有規律的收縮和放鬆，可改善肛門周圍的血液循環，使淤血得以消除，對男性的前列腺

炎，女性的婦科疾病有明顯效用，且可減輕或消除肛門括約肌痙攣，使肛門擴大，排便通暢，促進肛門手術後的恢復。

　　提肛運動能改善局部血液循環，改善肛門括約肌功能，預防肛門鬆弛，對防治痔瘡和脫肛頗見功效。對冠心病、高血壓、下肢靜脈曲張等慢性疾病，亦有一定的輔助治療和預防功效。

收　功

　　收功的作用是使我們的精神從練功狀態過渡到常態。道家有一套念咒的收功方法，我們要在心中默默地告訴自己：「要收功了。」同時兩手自身體兩側緩緩上抬，掌心向下，雙手舉至水平時，再翻掌向上，如捧日月，自頭頂、面前、胸、腹這樣的次序下降，兩掌指相對，沿身體中線下降，直至按到小腹的下丹田部位。

　　同時意想天地之氣、自己發出的外氣自頭頂百會穴進入，隨著兩手的下按，自然地沿身體中軸下沉至腹部下丹田，要回到最初的抱圓守一狀態。入靜片刻。然後，緩緩睜眼吐氣，回復到日常狀態。（圖78）

　　道教中有句行話，叫「玉液還丹，元氣歸身」，就是指導引術的收功狀態。玉液，就是口水，氣功把它叫做玉液，還叫做金津。練功的人能產生大量的口水，這是好現象。怎麼才能產生口水？舌舐上腭要輕，舌尖輕點上腭即可。玉液還丹，就是講咽口水要

圖78

咽到丹田。

　　練好收功要玉液還丹，元氣歸身，就是講我們練功調動起來的內氣，最好還要歸回到丹田。歸回丹田以後，坐下來休息休息，每個功練完了都要坐下來休息。一切氣功都講氣化，把調動的內氣回丹田，在丹田氣化。氣化必須有一個過程，剛練完功不要說話，最少五分鐘之內不要說話，最好能夠休息10～15分鐘。氣化以後，再輸布全身，營養四肢百骸，解決我們的問題。所以叫玉液還丹，元氣歸身。

　　初學練功者，往往感覺不到這樣的狀態，那是因為真氣不足之故，但同樣要加意收功。不用擔心感覺不明顯有沒有效果的問題。有練有收必有所得，只要

有這個意念，意想全身真氣流回下丹田就行。而有一定練功成效的練功者，收功時就能感覺到真氣下行的狀態。

練完導引術後，可以進行搓手、洗面、摩耳、拍打等導引術。這種方法叫一氣呵成，上下通透，關鍵看時間和練功的條件。

練功的其他注意事項：

- 注意保持元和，話宜少說，言多傷炁（指傷元氣）。老子說過：「多言數窮，不如守中。」「虛其心，實其腹。」所謂「大巧若拙，大辨若油」，都是告訴我們要注重修德，德正則心安，心安則炁順。

- 葷腥香辣之物，不利養炁，應少食或不食，老年人尤應注意。應持清淡飯食，以養真廂。食可則止，不宜過饑過飽，過饑傷炁，過飽傷神。此飲食之道，修真煉炁者不可不知。

- 不可當風吐納。就是說不要練功時吹風、受風，練功之後，全身發熱，毛孔開張，更不可見風。

- 煉炁當禁菸酒。菸為火之象，火能爍金（肺），故抽菸多者肺先受傷。酒者，少喝或不喝，酒後傷身，酒後亂性，入於心經則多說話，入於肺經大聲叫喊，入於腎經情慾不節，入於脾經不願吃飯，入於肝經大動肝火。種種危害，皆令人性亂而炁耗，故宜戒之。

　　道教的《太平經》對此這麼認為：守靜既久，則道自然顯現，使人長生不死，與天地共存。一個人除去了諸種俗念，心就能與神相交結，以致能乘龍駕雲，使普通的凡軀化為神靈，與太一之道同形。

　　《老君說清靜經》說：「人能清靜，天下貴之。人神好清，而心擾之；人心好靜，而欲牽之。常能遣其欲而心自靜，澄其心而神自清，自然六慾不生，三毒消滅。而不能者，心未澄，慾未遣故也。能遣之者，內觀於心，心無其心；外觀於形，形無其形；遠觀於物，物無其物。三者莫得，唯見於空。觀空亦空，空無所空；既無其無，無無亦無。湛然常寂，寂無其寂。無寂寂無，俱了無矣，慾安能生？慾既不生，心自靜矣。心既自靜，神即無擾。神既無擾，常清靜矣。既常清靜，及會其道，與真道會，名為得道。」

　　意思是：人能做到清靜，這是天下最可寶貴的。人神喜好清虛，但人心常常騷擾它；人心喜好安靜，但各種慾念常常去勾引它。如果能把這些慾望悉皆排遣，心自然就能安靜，心一安靜神就能清虛。人所以不能做到清靜，是因為心未能真正澄澈，各種慾望沒有能夠徹底遣去。真正能排遣掉各種慾望的人，內觀於心卻見不到自己的心，外觀身形卻見不到自己的身形，遠視他物也看不到任何物體，心、形、物三者俱

不見，見到的只有空，甚至連這個空也看不到，真正是萬物皆無，而且連無亦無。達到這種湛然常寂甚至連寂也不存的境界，還有什麼慾望再能產生呢？慾既不生，心自然就安靜了。人既然安靜了，神也就不會受到干擾，這就是常清靜。做到了常清靜，就能與道相會，與真道相會，也就是得道。

希望大家對此導引術感興趣，堅持鍛鍊，不久你就發現其功效和養生的奧秘。願此武當導引術能夠伴隨你的健康和快樂一生。

附錄一

張三豐祖師道要秘訣歌

道要歌，道要歌，不知道要必遭魔。
看玄關，調真息，知斯二要修行畢。
以元神，入氣海，神氣交融默默時。
使得一玄真主宰，將元氣，入黃庭。
氣神和合昏昏際，又得一玄最圓明。
一玄妙，一玄竅，有欲觀竅無觀妙。
兩者玄玄是真機，異名同出誰知道。
看玄關，無他訣，先從竅內調真息。
神恬氣靜極自然，妙自無生現太極。
古仙翁，多半語，恐泄真機不妄舉。
或言有定在中央，或言無定自領取。
到而今，我盡言，此在有定無定間。
有定曰竅無曰妙，老君所說玄又玄。
指分明，度有情，留與吾門作賞音。
遇而不修為下鬼，為聖為凡隨乎人。
初下手，最難行，離了散亂又昏沉。
大丈夫，有真學，必將神氣分清濁。

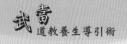
先天神兮最清明，後天神兮乃濁物。
掃除濁物守清明，閉塞三寶居靈谷。
這靈谷，即竅兒，竅中調息要深思。
一息去，一息來，息息相依時相偎。
幽幽細細無人覺，神氣團沖九竅開。
照此行持得竅妙，昏沉散亂從何來？

附錄二

武當功夫秘傳
──積氣開關說

張三豐

　　其端作用，亦如前功。以兩手插金鍬，用一念歸玉府，全神凝氣，動俾靜忘。先存其氣，自左湧泉穴起於膝脛，徐徐上升三關，約至泥丸，輕輕降下元海。次從右湧泉穴，俾從右升降，作用與左皆同。左右各運四回，兩穴雙升一次，共成九轉，方為一功。但運穀道輕提，踵息緩運，每次須加九次，九九八十一次為終。其氣自然周流，其關自然通徹。

　　倘若未通，後加武訣，逐次搬行。先行獅子倒坐之功，於中睜眼三吸，始過下關，後乃飛金精於肘後，掇肩運筭，自升泥丸，大河車轉。次撼崑崙，擦腹搓腰八十一，研手摩面二十四，拍頂轉睛三八，止集神叩齒四六通。

　　凡行此功，皆縮穀閉息。每行功訖，俱要嗽咽三分，方起搖身，左右各行九組。此為功法。

可配靜功，互為運行，週而復始，如此無間，由是成功。上士三晝夜而關通，中士二七以透徹，下士月餘關亦通。功夫怠惰，百日方開。若骨痛少緩其功，倘睛熱多加呵轉。一心不惰，諸疾無侵。其時泥丸風生，而腎氣上升。少刻鵲橋瑞香，而甘露下降。修丹之士，外此即誣。若非這樣開道，豈能那般升降而煉己配合也哉？

道學寄語

　　中華民族悠久的歷史博大精深，光輝燦爛的文明激盪乾坤。千百年來外聖內王的哲學思想，創造了華夏多元文化的盛世人文。道家與道教學說鑄就中華兒女自強不息、厚德載物的錚錚風骨，崇尚科學、宣導健康、追求和諧是道家文化秘旨所在。為此我們發起組織由海內外專家學者參與的《熱愛中華承傳文明》系列叢書編撰工作，涉及古籍經典類、中外名人道學類、科技道論類、道家哲學類、道家藝術類、神仙演義類等。

　　道學與道教的傳承，為歷史文明古國奠定了不朽的民族精神。魯迅先生講：「中國的根底全在道教。」道教文化在炎黃子孫的血脈中薪火相傳，生生不息，中華民族正面臨著偉大復興的天運良時。天得道以清，地得道以寧，人之得道貴在和諧。但願叢書的問世對民族的復興、人格的塑造、民族的信仰、社會的文明以及世界和平發

揮它潛在的文化力。大道自然正氣振乾坤，榮辱不驚，心靈自由，覺悟人生價值，當以善行天下利國利民為己任。道者天地之綱紀，德者萬物之規律，但願道化眾生，吉祥荷福。

《中華道教文化叢書》總編　　游玄德于武聖宮
《武當功夫叢書》主編

導引養生功

張廣德養生著作　每冊定價350元

1 疏筋壯骨功+VCD
定價350元

2 導引保健功+VCD
定價350元

3 頤身九段錦+VCD
定價350元

4 九九還童功+VCD
定價350元

5 舒心平血功+VCD
定價350元

6 益氣養肺功+VCD
定價350元

7 養生太極扇+VCD
定價350元

8 養生太極棒+VCD
定價350元

9 導引養生形體詩韻+VCD
定價350元

10 四十九式經絡動功+VCD
定價350元

輕鬆學武術

1 二十四式太極拳+VCD
定價250元

2 四十二式太極拳+VCD
定價250元

3 八式十六式太極拳+VCD
定價250元

4 三十二式太極劍+VCD
定價250元

5 四十二式太極劍+VCD
定價250元

6 二十八式木蘭拳+VCD
定價250元

7 三十八式木蘭扇+VCD
定價250元

8 四十八式太極劍+VCD
定價250元

太極跤

1 太極防身術
定價300元

2 擒拿術
定價280元

3 中國式摔角
定價350元

彩色圖解太極武術

1 太極功夫扇
定價220元

2 武當太極劍
定價220元

3 楊式太極劍
定價220元

4 楊式太極刀
定價220元

5 二十四式太極拳+VCD
定價350元

6 三十二式太極劍+VCD
定價350元

7 四十二式太極劍+VCD
定價350元

8 四十二式太極拳+VCD
定價350元

9 楊式十八式太極劍
定價350元

10 楊氏二十八式太極拳+VCD
定價350元

11 楊式太極拳四十式+VCD
定價350元

12 陳式太極拳五十六式+VCD
定價350元

13 吳式太極拳五十八式+VCD
定價350元

14 精簡陳式太極拳八式十六式
定價220元

15 精簡吳式太極拳三十六式拳架·推手
定價220元

16 夕陽美功夫扇
定價220元

17 綜合四十八式太極拳+VCD
定價350元

18 三十二式太極拳四段
定價220元

19 楊式三十七式太極拳+VCD
定價350元

20 楊氏五十一式太極劍+VCD
定價350元

21 嫡傳楊家太極拳精練二十八式
定價220元

22 嫡傳楊家太極劍五十一式
定價220元

23 嫡傳楊家太極刀十三式
定價220元

養生保健

古今養生保健法 強身健體增加身體免疫力

1 醫療養生氣功 定價250元

2 中國氣功圖譜 定價250元

3 少林醫療氣功精粹 定價250元

4 龍形實用氣功 定價220元

5 魚戲增視強身氣功 定價220元

7 道家玄牝氣功 定價200元

8 仙家秘傳祛病功 定價160元

9 少林十大健身功 定價180元

10 中國自控氣功 定價250元

11 醫療防癌氣功 定價250元

12 醫療強身氣功 定價250元

13 醫療點穴氣功 定價250元

14 中國八卦如意功 定價180元

15 正宗馬禮堂養氣功 定價420元

16 秘傳道家筋經內丹功 定價300元

17 三元開慧功 定價250元

18 防癌治癌新氣功 定價180元

19 禪定與佛家氣功修煉 定價200元

20 顛倒之術 定價360元

21 簡明氣功辭典 定價360元

22 八卦三合功 定價230元

23 朱砂掌健身養生功 定價250元

24 抗老功 定價230元

25 意氣按穴排濁自療法 定價250元

27 健身祛病小功法 定價200元

28 張氏太極混元功 定價250元

30 中國少林禪密功 定價200元

31 郭林新氣功 定價400元

32 八卦之源與健身養生 定價280元

33 現代原始氣功1 定價400元

34 開脈太極 定價300元

35 通靈功·養生祛病及入門功法 定價300元

37 太極內功養生法 定價180元

38 無極養生氣功 定價200元

39 氣的實踐小周天健康法 定價200元

40 達摩易筋經＋DVD 定價350元

41 洗髓經 定價400元

42 精功易筋經 定價200元

43 武當熊門七心活氣功 定價280元

44 手杖健身法 定價200元

健康加油站

1 糖尿病預防與治療
定價200元

2 胃部機能與強健
定價180元

3 不孕症治療
定價200元

4 簡易醫學急救法
定價200元

5 肥胖健康診療
定價200元

6 肝功能健康診療
定價2□□元

7 高血壓健康診療
定價200元

8 高血糖值健康診療
定價200元

9 尿酸值健康診療
定價200元

10 膽固醇中性脂肪健康診療
定價200元

11 痛風劇痛消除法
定價180元

12 三溫暖健康法
定價18□

13 手‧腳病理按摩
定價180元

14 B型肝炎預防與治療
定價180元

15 吃得更漂亮、健康
定價180元

16 茶使您更健康
定價180元

17 圖解常見疾病運動療法
定價180元

18 科學健身改變亞健
定價1□

19 簡易萬病自療保健
定價220元

20 王朝秘藥媚酒
定價180元

21 立見實效保健操
定價180元

22 越吃越幸福
定價200元

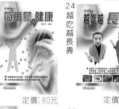

23 荷爾蒙與健康
定價180元

24 越吃越長壽
定價2□

25 自我保健鍛鍊
定價180元

26 斷食促進健康
定價180元

27 蔬菜健康法
定價200元

28 水果健康法
定價200元

29 越吃越苗條
定價200元

30 越吃越聰明 EAT & SMART
定價20□

31 全方位健康藥草
定價200元

32 人體記憶地圖
定價350元

33 提升免疫力戰勝癌症
定價280元

34 腎臟病預防與治療
定價230元

35 怎樣配吃最健康
定價200元

36 心臟病腦中風預防與治療
定價180□

37 科學養生細節
定價350元

38 由人相診斷健康
定價180元

39 青春期智慧
定價200元

40 前列腺健康診療
定價200元

41 下半身鍛鍊法
定價180元

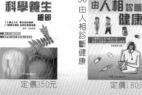

42 四高健康診療
定價30□

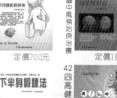

健康加油站

3口 …… 養生祕方

定價180元

44 健康長壽 擁有更豐富的人生

健康長壽 擁有更豐富的人生

定價200元

武術武道技術

1 日本合氣道 健身與修養

定價230元

2 現代跆拳道運動教學與訓練

定價500元

3 泰拳基礎訓練讀本

定價330元

4 泰拳實戰攻防技術

定價280元

5 李小龍腿功教室

定價280元

6 跟專家練跆拳道

定價220元

截拳道入門

1 截拳道手擊技法

定價230元

2 截拳道腳踢技法

定價230元

3 截拳道擒跌技法

定價230元

4 截拳道攻防技法

定價230元

5 截拳道連環技法

定價230元

6 截拳道功夫匯宗

定價230元

體育教材

1 籃球運動教程+VCD

定價550元

2 游泳運動教程

定價400元

3 板球基礎教程

定價400元

4 街舞運動教程

定價280元

5 排球運動教程

定價450元

11 體育康復學

定價350元

運動精進叢書

1 怎樣跑得快

定價200元

2 怎樣投得遠

定價180元

3 怎樣跳得遠

定價180元

4 怎樣跳的高

定價180元

5 高爾夫揮桿原理

定價220元

6 網球技巧圖解

定價220元

7 排球技巧圖解

定價230元

8 沙灘排球技巧圖解

定價230元

9 撞球技巧圖解

定價230元

10 籃球技巧圖解

定價220元

11 足球技巧圖解

定價230元

12 羽毛球技巧圖解

定價220元

13 乒乓球技巧圖解

定價220元

14 曲線球與飛碟球

定價300元

15 街頭花式籃球

定價280元

16 精彩高爾夫

定價330元

17 巴西青少年足球訓練方法

定價230元

18 籃球個人技術全圖解+VCD

定價300元

19 門球（槌球）入門與提升180問

定價230元

20 美國青少年籃球訓練方式250例

定價280元

21 單板滑雪技巧圖解+VCD

定價350元

22 籃球教學訓練遊戲

定價280元

23 羽毛球技‧戰術訓練與運用

定價280元

24 網球入門

定價250元

25 網球技戰術教程

定價220元

快樂健美站

1 柔力健身球
定價280元

2 自行車健康享瘦
定價280元

3 跑步鍛鍊走路減肥
定價280元

4 創造健康的肌力訓練
定價220元

5 舒適超級伸展體操
定價280元

6 水中有氧運動
定價280元

7 完美身材
定價280元

8 創造超級兒童
定價280元

9 使頭腦變聰明
定價280元

10 防止老化的身體改造訓練
定價280元

11 三個月塑身計畫
定價280元

12 懶人族瑜伽
定價280元

13 瑜伽
定價240元

14 忙裡偷閒練瑜伽祛病養生篇
定價240元

15 健身跑激發身體的潛能
定價200元

16 中華鐵球健身操
定價180元

17 彼拉提斯健身寶典
定價280元

18 全身保健操＋VCD
定價280元

19 瑜伽美姿美容
定價180元

20 豐胸做自信女人
定價200元

21 輕鬆瑜伽治百病
定價280元

22 瑜伽秀體小品
定價280元

23 熱舞瘦身小品
定價280元

24 整形打造美麗
定價250元

25 排毒頻譜33式熱瑜伽
定價350元

26 太極操＋DVD
定價350元

太極武術教學光碟

太極功夫扇
五十二式太極扇
演示：李德印 等
(2VCD)中國

夕陽美太極功夫扇
五十六式太極扇
演示：李德印 等
(2VCD)中國

陳氏太極拳及其技擊法
演示：馬虹(10VCD)中國
陳氏太極拳勁道釋秘
拆拳講勁
演示：馬虹(8DVD)中國
推手技巧及功力訓練
演示：馬虹(4VCD)中國

陳氏太極拳新架一路
演示：陳正雷(1DVD)中國
陳氏太極拳新架二路
演示：陳正雷(1DVD)中國
陳氏太極拳老架一路
演示：陳正雷(1DVD)中國

陳氏太極拳老架二路
演示：陳正雷(1DVD)中國
陳氏太極推手
演示：陳正雷(1DVD)中國
陳氏太極單刀・雙刀
演示：陳正雷(1DVD)中國

楊氏太極拳
演示：楊振鐸
(6VCD)中國

本公司還有其他武術光碟
歡迎來電詢問或至網站查詢
電話：02-28236031
網址：www.dah-jaan.com.tw

原版教學光碟

歡迎至本公司購買書籍

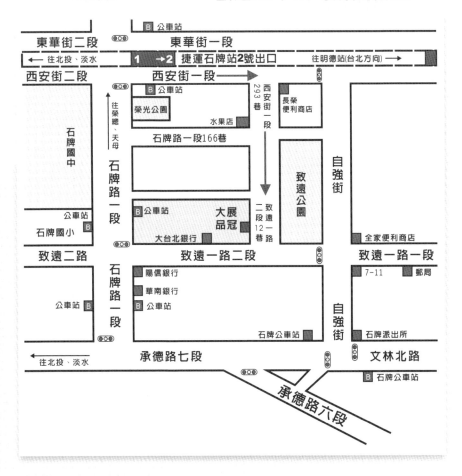

建議路線

1.搭乘捷運‧公車

　　淡水線石牌站下車，由石牌捷運站２號出口出站(出站後靠右邊)，沿著捷運高架往台北方向走(往明德站方向)，其街名為西安街，約走100公尺(勿超過紅綠燈)，由西安街一段293巷進來(巷口有一公車站牌，站名為自強街口)，本公司位於致遠公園對面。搭公車者請於石牌站(石牌派出所)下車，走進自強街，遇致遠路口左轉，右手邊第一條巷子即為本社位置。

2.自行開車或騎車

　　由承德路接石牌路，看到陽信銀行右轉，此條即為致遠一路二段，在遇到自強街(紅綠燈)前的巷子(致遠公園)左轉，即可看到本公司招牌。

國家圖書館出版品預行編目資料

武當道教養生導引術／游玄德 袁天沛 秦彥博 游小龍 著

－初版－臺北市，大展，2011〔民100.12〕

面；21公分－（養生保健；45）

ISBN 978-957-468-845-6（平裝）

1.道教修鍊 2.長生法 3.養生

235.1 100020609

武當道教養生導引術

著　　者／游玄德 袁天沛 秦彥博 游小龍

責任編輯／張　建　林

發 行 人／蔡　森　明

出 版 者／大展出版社有限公司

社　　址／台北市北投區（石牌）致遠一路2段12巷1號

電　　話／(02) 28236031・28236033・28233123

傳　　真／(02) 28272069

郵政劃撥／01669551

網　　址／www.dah-jaan.com.tw

E-mail／service@dah-jaan.com.tw

登 記 證／局版臺業字第2171號

承 印 者／傳興印刷有限公司

裝　　訂／建鑫裝訂有限公司

排 版 者／千兵企業有限公司

授 權 者／北京人民體育出版社

初版1刷／2011年（民100年）12 月

定　價／180 元

大展好書　好書大展

品嘗好書　冠群可期